名古屋絵はがき物語

二十世紀のニューメディアは何を伝えたか

井上善博
Yoshihiro Inoue

NAGOYA.YURAN-KINEN

名古屋名勝
白雪に立てる八事興正寺五重塔
吉田初三郎畫伯筆
The Snow-clad Pagoda of the Kosyoji Temple at Yagoto.

01　吉田初三郎原画《名古屋名勝絵葉書》より　白雪に立てる八事興正寺五重塔（1930年代）　降雪の少ない名古屋でも、年に1、2回は雪が降る。戦前、大雪となった翌日の新聞を飾ったのは、八事山興正寺の五重塔であった。温暖化の進んだ現在では、なかなか目にすることのできない景観である。

風媒社

目次

02　吉田初三郎原画《名古屋名勝絵葉書》より
春雨けぶる名古屋城（1930年代）

第2章 ビジュアルメディアの機動力　69

03　吉田初三郎原画《名古屋名勝絵葉書》より
瑞雲棚引く仏骨奉安塔（1930 年代）

04　吉田初三郎原画《名古屋名勝絵葉書》より
風薫る鶴舞公園（1930年代）　明治42（1909）年開園。平成21（2009）年は鶴舞公園開園100周年にあたる。

序章

節目の開府三百年

――その時名古屋は――

05　名古屋開府三百年紀念祭　東京神田今川橋・青雲堂製
名古屋開府三百年記念の祝賀余興行事として、明治43（1910）年6月6・7日、市長以下総勢約1千名で仮装行列を挙行。鶴舞公園を発着地点に市街地を戦国武将やその夫人などの扮装で廻り歩いた。ところが当時の加藤市長だけは清正役の仮装をためらい、直前になってドタキャン。画竜点睛を欠く郷土英傑行列となった。

人の眼から鳥の眼へ

平成二十二（二〇一〇）年、この年は名古屋にとって、慶長十五（一六一〇）年の名古屋城築城開始から、ちょうど四百年という節目の年にあたる。この百年前の明治四十三（一九一〇）年も同じように区切りの節目、すなわち開府三百年の年として、名古屋では相次いで催事が開かれた。後々振り返ってみれば、この年は名古屋にとって大いなる飛躍の年であった。まず初めに開府三百年を盛大に祝った百年前の名古屋を振り返ってみよう。

開府三百年の年、名古屋でどのような行事が催されたか。公式行事である記念式典はさておき、最大の行事は第十回関西府県連合共進会を鶴舞公園で開催したことであった。この共進会は西日本を中心に、広く全国から三府（当時府制をしいていたのは東京、京都、大阪）二十八県の参加をみるという、後にも先にも最大規模の共進会であり、正式には参加をしない遠方の道県も参考出品の形で参加したので、実態としては内国勧業博覧会に近い大規模な催しとなった。

会場は前年の明治四十二年十一月十九日に開園したばかりの鶴舞公園。といっても、この時の開園は名目上のもので、公園の西側を南北に蛇行する精進川《しょうじん》（後に新堀川と改称）を直線化して運河とする土木事業をうまく活用し、川の浚渫土砂で公園用地とする田畑を埋め立てたばかりの土地だった。開園後も引き続き公園と共進会の会場造りが同時並行で進み、公園の和洋折衷庭園や池の造成とともに、共進会の各種展覧会場や、恒久施設として閉会後も残す噴水塔や奏楽堂、あるいは貴賓館といった建物の建設が急ピッチで進められた。共進会の会期は三月十六日から六月十三日までの計九十日間である。

開催前月の二十四日には、市内の路面電車を運行する名古屋電気鉄道の新たな路線も開通した。広小路通りの新栄から南に分岐して鶴舞公園前に至り、そこから西へ折れて上前津で熱田線に接続する公園線である。当時はまだ中央線に鶴舞駅は設置されておらず（昭和三年の御大典奉祝名古屋博覧会の際に初めて臨時の停車場が開設された。常設となったのは昭和十二年のことである）、最寄りの千種停車場や名古屋停車場をはじめ、市内各所から共進会会場の鶴舞公園へ、また公園から上前津・門前町あたりの盛り場や、栄町の繁華街へと遊覧客を運ぶ重要な交通手段となった。

また、共進会開会の直前、三月五日には、栄町の交差点角にいとう呉服店が新装開店した。江戸時代以来の碁盤割茶屋町からの事実上の移転である。呉服店を称しているが、経営方式は従来の座売りではなく、欧米流の百貨部門別対面販売、すなわちデパートメントストーアであって、名古屋初のデパート出現であった。この時期の開店は、市内はもとより、当然遠方や近在各所からの共進会へやってくる観客を当て込んだためであって、実際に当時名古屋市の人口が四十万人弱だった時に、共進会は二百六十万人余の入場者を数えた。結果として、名古屋にとっては空前の一大イベントとして成功をおさめたといってよい。これは共進会のみによる成果なのではなく、電車の新線敷設や百貨店開業といった関連投資が、巨大なイベントの開催やその後のために不可欠のインフラ整備として、相乗効果をあげたと考えるべきだろう。

共進会開催やデパートの出現は、人々に新しい視点をもたらした。高見からの眺めである。いとう呉服店は木造ながら三階建てルネサンス様式の洋風建物で、後ほど別項で詳しくとりあげるが、売場以外にも眺めの良い休憩室や屋上庭園まで設けた。当時名古屋城は陸軍（第三師団司令部、歩兵第六連隊ほか）や官庁（宮内省管轄の離宮）の管理下にあったから、現在のように一般市民が天守閣の最上階まで登って自由に展望することなどできない時代だった。庶民が高所から街の景色を眺められる場所はごく限られていたのであり、いとう呉服店は豪奢な店内のみならず、それまで庶民が見られなかった眺望を「無料」で提供する役割をも果たした。

この新装なったいとう呉服店の屋上から、当時の名古屋市街を八方面に分割して撮影した《名古屋市全景絵葉書》が残っている。内容は方面別景観の八枚と、主に何が写っているのかを記した解説文一枚、そしてこれを撮影したいとう呉服店の外観一枚の計十枚組絵葉書である。日光を反射して鈍く光る一面の甍の彼方に、北には名古屋城天守閣が、南には東別院（真宗大谷派名古屋別院）の大屋根が天に突き出ている。また、東西には広小路通りが他の狭い道を圧して広くまっすぐに白い道筋を描いている。西南方には縁辺部各所で黒煙をあげる工場の煙突が天を突き、東南方には、まさに鶴舞公園で開会中の共進会会場、その中でも正門を核とするルネサンス風の白いパビリオンがひときわ大きく横たわる。この眺めは、それまで名古屋市民が目

06 《名古屋市全景絵葉書》より東南方向　栄町交差点角いとう呉服店屋上より鶴舞公園方面を撮影する。左上方に開催中の共進会会場が写り、正門を兼ねた本館の白いパビリオンが大きく横たわる。手前の広い道は大津町通り（現在は「大津通」と表示）。すでに開通していた熱田線の電車が走る。

にすることのないものであった。ちょうど空を舞う鳥のような眼、地上を眼下に見下ろす視点を獲得したのである。

同じような眺望は、共進会会場前でも見ることができた。会期中の観覧客をあてこんだ巨大な広告塔が、正門の西北方斜め前に建てられたのである。高さ二百七尺、八角形の塔状建物で、名古屋城天守閣をはるかに凌駕する。開会前、二月二十四日付「新愛知」第四面には、この広告塔について、略図付きで次のような急告が掲載された。「会場内唯一の広告機関として、本塔の外一切場内広告を許可せられざるを以て、広告の効力偉大なるべき」とのうたい文句の入る長い前置きは省き、広告塔の特色のみ抜粋する。

なお本書では、新聞記事の引用にあたっては、読みやすくするために見出し（太文字）を除いて適宜読点「、」を挿入し、当時は大文字で表記していた促音「っ」のみ、現代かなづかいの小文字に変換した。また、難読もしくは当時独特な読み方をした漢字には、現代かなづかいによるルビを付した。旧漢字は極力、現在用いている漢字に置き換えたが、当時の雰囲気を壊さないためにも、記事本文は歴史的かなづかいのままとした。

07 《名古屋市全景絵葉書》より撮影会場となったいとう呉服店の建物　木造３階建てルネサンス様式で、名古屋初のデパートメントストーアとして明治43（1910）年３月５日、栄町交差点西南角（今の丸栄スカイルの位置）に開業した。

●広告塔掲示広告に就て急告

一本広告塔は八角形にして、略図は其外部三面を現はせしものなり
一本塔は高さ貳百〇七尺、有名なる金城天守閣より高きこと五十七尺（広告塔略図参照）にして、附近町村より一望して、何人にも非常の快感を与ふ
一本塔の頂上には、遠望七哩《マイル》を照らす「サーチライト」を装置し、名古屋全市は勿論《もちろん》、附近町村を照射し、不夜城の感あらしむ
一本塔外部に全国有名大家の広告を掲示し、塔の全体には無数のイルミネーションを以《もっ》て、最も美麗に装飾す
一目下日々工事を急ぎ、已に半ば竣成を告げ居れば、実地に就き御一覧相願度候

三月十六日、共進会が開会すると、この塔は一般客も頂上まで登ることができた。広告塔と称してはいるが、実態は娯楽性の高い観望タワーに近い。どのようにして、頂上まで登るのか、内部の構造についてはすでに二月以上前、新春早々一月三日付「新愛知」第五面に記されている。重複部分は省き、内部構造の説明のみ抜粋する。

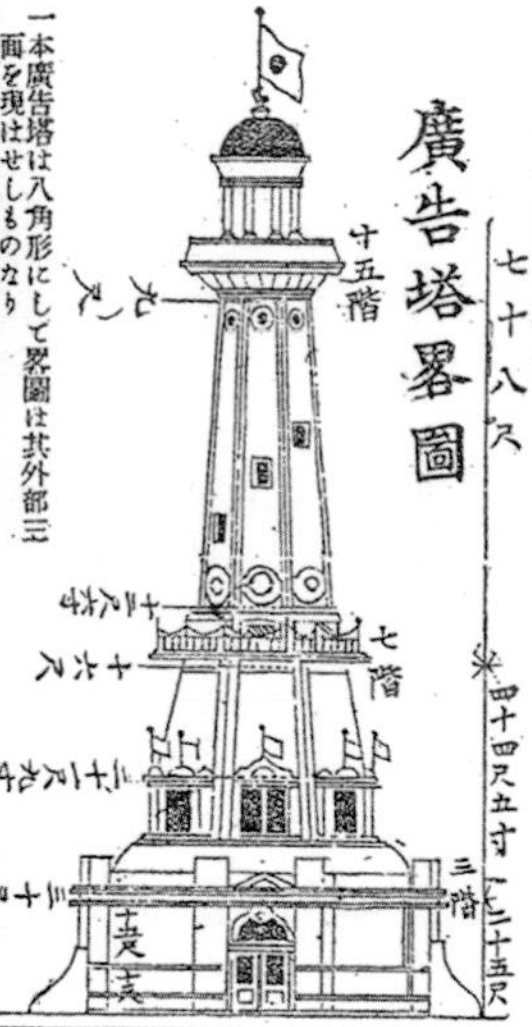

●●●●●●●廣告塔掲示廣告に就て急告●●

來る三月十六日より當市に開催すべき第十回關西府縣聯合共進會場内正門前に設立の廣告塔は會場内唯一の廣告機關として本塔の外一切場内廣告を許可せられざるを以て廣告の効力偉大なるべきは夙に社會の公認する處に有之候今回新愛知新聞社及び三榮社に於て廣告塔掲示廣告一切を共同經營可致に付右廣告塔に廣告掲載御希望の方は至急右兩社及左記取扱店へ便宜御來談被下度此段廣告仕候

廣告塔畧圖

一本廣告塔は八角形にして畧圖は其外部三面を現はせしものなり
一本塔は高さ貳百〇七尺、有名なる金城天守閣より高きこと五十七尺（廣告塔畧圖參照）にして附近町村より一望して何人にも非常の快感を與ふ
一本塔の頂上には遠望七哩を照らす「サーチライト」を裝置し名古屋全市は勿論附近町村を照射し不夜城の感あらしむ
一本塔外部に全國有名大家の廣告を掲示し塔の全体には無數のイルミネーションを以て最も美麗に裝飾す
一目下日々工事を急ぎ已に半ば竣成を告げ居れば實地に就き御一覽相願度候

四十三年二月

名古屋市西區本町　新愛知新聞社
名古屋市西區下長者町　三榮社

廣告塔廣告申込取扱店

名古屋市榮町　名古屋通信社
同　市傳馬町　京華社支店
同　市朝日町　電通社支店
同　市西魚町　博文社

「新愛知」（明治43年2月24日）に掲載された広告塔掲示広告についての急告

●共進会正門前広告塔の大建築

内部の構造は十五階より成り、各段には諸商家の最も斬新奇抜なる広告と、諸種の余興場《ば》飲食店等を設け、最新式なる螺旋《らせん》形の段々は、本塔の頂上まで昇降するに、老幼婦女子又は自転車人力車と雖も平地を行く如くにして、約五丁余の階段を知らず知らず愉快に頂上に達し得て、望遠鏡にて四方を眺望し、本塔の中段には噴水塔使用のタンク台を備へ付ある

土産物売場まで設けて収益の向上をはかったから、現在のテレビ塔や天守閣の経営方式と同じである。なぜか人間は望楼からの眺めに弱い。二百七尺といえば約六十二メートルの高さである。頂上からの眺めはどんなものなのか。新聞記者も実際に自分の足で螺旋階段を登り、上からの眺めとその体感を記事にしている。塔上で眼下に広がる景観に感激したのか、それとも初めて体験するあまりの高さにふるえがきたのか、登るにつれて神経の高ぶるままに書き上げたと思われる記事は、次第に朗々たる漢文調となってゆく。取材日は会期最中の五月六日、記事が紙面に載ったのは二日後の八日「新愛知」第三面である。

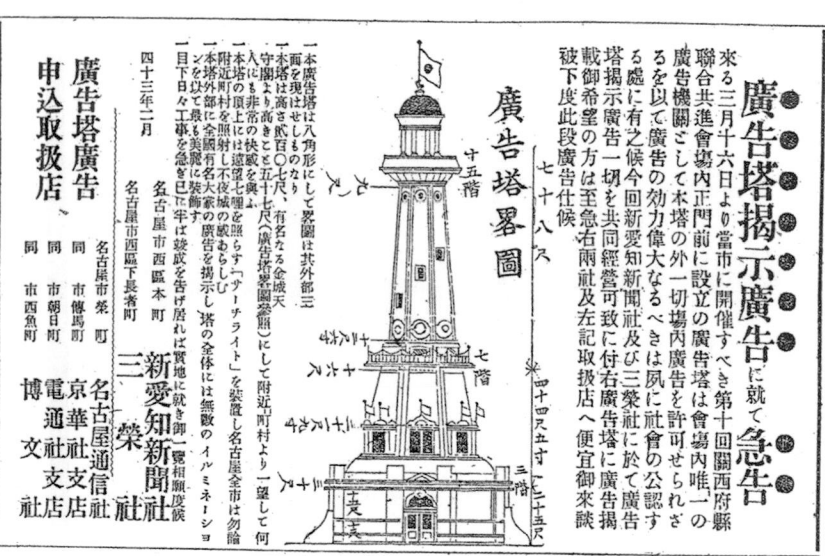

▲上から観たる共進会　広告塔上の展望

直々《ちょくちょく》として平地を抜くこと二百七尺の八角形《がた》大建築が、共進会正門前《ぜん》の壮観となりつゝある広告塔に登攀《とうはん》を試みたのは、一昨日の午後であった。

螺旋形の階段は進むに伴《つ》れて次第に其の輪郭が縮んで来る、今迄頭上に響いて居た音楽が今度は脚下に在て聞《きゝ》なされる。頓《やが》て絶頂に達して遠く四望すると、折から細雨霏々《ひゝ》たる空の彼方に、北は信州、南は志州鳥羽方面、東西には三河と美濃方面との遠山が其れかと計り。

近くは鯱城《こじょう》の雄姿を仰いで。伏せるかのやうな市内十万の甍《いらか》を宛《さなが》ら名古屋市の模型かと望み、更に眸《ひとみ》を脚底に落せば、総面積十万坪の大共進会はパノラマの如く展開される、一《いつ》として建物の見えざるは無く、又一として観望に値せざるものはない。

館内の庭園に徜徉《しょうよう》し、絡繹《らくえき》として正門に出入するの人は、盤上に黒豆を蒔いたやう、上から観たる共進会場の光景には、亦《ま》た自《おのず》から別個の趣がある、

若《もし》夫れ夜に入《いっ》て満館イルミネーションに飾られた不夜城を脚底に、塔上から放射されるサーチライトに依《よっ》て染め出《いだ》される夜の遠景を望むに至っては、之を漢文的に形容して羽化《うか》登仙《とうせん》とも謂《い》ふ可く、其の壮大美には快哉を叫ばざるを得ないさうである、

階段は婦人小児でも容易に登るべく造られ、近くは二階目の周囲に種々の売店を設け、登攀者の休憩に便なるさうである、尚ほ登攀者は景物として正門前の噴水塔に送水しつゝあるタンクの仕掛、夜間は塔上でサーチライトの装置を見る事ができる。（雨）

広告塔の頂上から見下ろした共進会会場の写真は、すでに四月九日付「新愛知」第一面中央に大きく載っている。ただ、新聞紙質と当時の製版技術に制約されてかなり目の粗い写真なのが難点である。ところが、これとほぼ同じアングルの景観をおさめた絵葉書が発行されており、こちらは厚い紙にコロタイプ印刷で、地上を歩く観客もくっきりと鮮明な仕上がりとなっている。今ならさしずめアナログテレビとデジタルハイビジョンほどの違いと言えようか。正門を兼ねた巨大な本館建物の東方園内に、奏楽堂をはじめとしてさまざまな意匠を凝らした展示館や池、庭園の樹木と会場内を縦横に結ぶ通路が広がり、遥か彼方の地平線は茫洋として天空にかすんでいる。

共進会会場内には、もう一カ所上空へ登って眼下を見渡せる場所があった。名古屋城天守閣を模した愛知県売店である。愛知県は、明治三十六年大阪天王寺で開催された第

08　第十回関西府県連合共進会場内の展望　正門西北方手前に建つ広告塔屋上から共進会会場内を遠望する。手前の大きな本館屋根の向こうには、中央に奏楽堂、左手奥に台湾館、右手奥に演舞場、その間には池や庭園などが広がる。4月9日付「新愛知」第1面にほぼ同一の写真が掲載された。

五回内国勧業博覧会でも、同じような売店を出展しているが、なんと言っても尾張名古屋は城でもつ――、当時本物は宮内省管理の離宮であったから、庶民は立ち入りも厳禁であった。せっかく共進会見物に来場した遠来の観客のためにも、どうしても天守閣は必須の要件であった。そこで再び模造の天守閣を造り、中を売店兼展望台とした。しかし、遠望するには高さが低く、眺望は今ひとつもの足らないものだったようで、広告塔ほどの感激はない。明治四十三年四月五日「新愛知」第七面記載の記者ルポである。

●本県売店の天守閣

共進会場外、売店街中での呼び物となって居る愛知県の模擬天守閣は、北広告塔と対峙して兎にも角にも偉観を添へつゝある、売店の前後をぐるぐると廻って二階の登口へ懸《かか》ると、茲《ここ》には厚化粧の鍋蓋娘と鴇婆《やりて》然たる婆アが居て、天守閣の観覧券を売《うっ》て居るが其の婆アの突慳貪《つっけんどん》なる事殆《ほと》んど沙汰の限りで、鳥渡《ちょっと》した一例が、田舎の婆さん達が来て、「此上には何が御座いますね」と訊《き》くと、傍らの掲示を指《ゆびさ》して「其処《そこ》に書てあるから御覧なさい」と云た調子である、監督者は宜しくお目玉を与へて可なりだ。

却説《さて》天守閣には四方の窓口に双眼鏡を供へ附て、登攀者の見るに任せて居るが、最も会場の展望に適した東窓から見た処が、唯是れ広漠たる建物の屋根に小旗の翻へるを見るのみ、館内の眺望充分ならざるは遺憾である、尤《もっと》も正面直下、正門前に蟻集《ぎしゅう》し来る群衆の往来は確かに活《かつ》パノラマを現じ、或は遠く市街の甍を隔てゝ遠山の残雪に対し、近く菜花麦浪《さいかばくろう》に彩られんとする春の田園を望む興は即ち興である、

又た閣上にては切符引換に珈琲を饗し、尚ほ求めに応じて汁粉、餅菓子の類を鬻《ひさ》ぎつゝあるが、忌憚《きたん》なく言はしむれば、模擬天守閣は其の外形の完備したるに比し、内容に於て未だ設備の物足らぬ点が有はせぬかと感じられる。

登ってみなければその光景はわからないから、登れるとならば人は登る。いとう呉服店屋上からの眺めも同じであり、程度の差はあれ、地上では人間の目の高さでしか見ることのできない全体像を、一瞬のうちに眼底に焼き付けることができるのである。江戸時代には、名古屋城天守閣から四周の眺望を描き、それを絵巻物にしたり、円環状の絵図に仕上げたりしている記録もできているが、これはあくまでも尾張藩の重要機密であり、誰でも眼にすることのできる代物ではなかった。これに対して、新聞記載の写真や絵葉書など、近代になって生まれた視覚メディアは誰でも制約なく手に入れることができる視覚媒体だったのである。

明治二十三年、東京浅草に誕生した凌雲閣はその階層から俗に浅草十二階の名で親しまれ、当時日本一の高層建築として人気を博したが、大正十二（一九二三）年九月一日の関東大震災で損壊したため、その後爆破解体されて姿を消してしまった。大阪では明治四十五年に初代通天閣が博覧会跡地に建てられ、昭和十八年に解体して軍需資材として献納されるまで存続した。現在の塔は大阪のシンボルとして戦後再建された二代目である。戦前の名古屋には、残念ながらこうした恒常的な塔を建てるまでの経済力はなかったが、大都会であればあるほどこうした尖塔を建て、そこが名所となる傾向は今でも変わらない。そして、そうした高見からの眺めが、まさにお上りさんにとっての楽しみなのであり、それが普段は経験できない、都市遊覧の醍醐味と言えるのではなかろうか。共進会、博覧会といった期限付きのイベントに、はるばる遠方からも物見高い客が集まり、名古屋のおへそとも言うべき栄町交差点角のいと

う呉服店の屋上に駆け上って四方八方を見渡すのも、時代の先端をゆく都市だからこそ体験できることなのであり、近代都市特有の視点を獲得することにほかならなかった。都市の眺めは人間の営みをつかむことにあり、野遊び山遊びの眺めとは次元が異なるのである。

　この明治四十三年からほぼ一世紀、百年の歳月が流れた。鳥の眼はさらに天空高く舞い上がり、今では地球を飛び出して宇宙の「かぐや」となった。この月探査衛星はメイドインジャパンのハイビジョンカメラを搭載し、月面の解析画像と共に、年に二回、青い「満地球」の出を鮮明なハイビジョン映像で届けてくれる。さらに一世紀の時がたって名古屋開府五百年を迎える時、この眼はどこまで広がっているのか。まるで見当もつかない。

伝統と近代　きらめきの夜景

　記念祭（当時の表記は「紀念祭」である）式典は四月十二日午前八時から、名古屋城内の第三師団東練兵場で挙行。これは現在の国立病院機構名古屋医療センター（元の国立名古屋病院）北側のあたりである。この式典に続き、十二、三の両日にわたって、市民あげてのさまざまな記念行事が市内各所で繰り広げられた。その目玉はなんといっても、市中各所のからくり祭車《だし》二十五輛！　の勢揃い。今で言う山車揃えが東練兵場で祭り囃子も賑やかに展開したのである。その初日の様子は、翌十三日付「新愛知」第七面、一頁全面にわたる記念祭記事の中に記される。

●開府三百年紀念祭　三百年来初めての人出　全市花の都と化す

▲祭車《さいしゃ》の曳《ひき》込み　午前十時に至るや七間《けん》町の源氏車《げんじぐるま》を先頭に、宮《みや》町の唐子車《からこぐるま》、茶屋《ちゃや》町の住吉車《すみよしぐるま》、伝馬《てんま》町の鶴車《つるぐるま》、本《ほん》町の猩々車《しょうじょうぐるま》、和泉《いずみ》町の雷車《かみなりぐるま》、京《きょう》町の小鍛冶車《こかじぐるま》、上《かみ》長者《ちょうじゃ》町の二福神車《ふくじんぐるま》、門前《もんぜん》町の陵王車《りょうおうぐるま》、末広《すえひろ》町の黒船《くろふね》車《ぐるま》其他合計二十五輛の祭車は、ヒューヒュードンドンの祭囃し賑やかに、人形を操つりつゝ、エンヤエンヤの宰領、楫取の掛声に、数多《あまた》の大人、小供は派手な揃ひ衣裳を着流して、最《い》とも陽気に式場を差して東照宮裏、城廓外濠より本町御門を入《い》り、夫《それ》より順次東練兵場《ば》へ練込み、午後三時同所に順序よく整列せし、其の態《さま》は頗る花やかに見られたり

▲夜の祭車曳戻し　午後三時までに、祭場なる東練兵場《じょう》に整列せし二十五輌の祭車は、夕刻まで各車互ひに楽《がく》を行ひ、夜《よ》に入《い》りて数百の提灯装飾をなし、練込みし時と反対の順序に、単縦形に整列して、囃子一入《ひとしお》景気好《よ》く、東照宮後方片端《かたは》通りに整列し、夜祭を行ひたり、又本日（＝二日目の四月十三日）は、午前八時より順次市内各町を曳廻ると言へば、定めし昨日に劣らざる雑踏を極むるならん

　第二次世界大戦末期の空襲で市街地もろとも焼失した多くの山車が、まだ健在の時代であった。二十五輌の山車揃えとは、百年後の今ではどれだけ壮観なことか、いくら想像しても、イメージが涌いてこない。二日目は本町通りを南に下って、古渡町の山王社まで山車を引き回し、その後再び本町通りを北上して、各町内へ戻っていった。また、那古野神社の大きな地車《だんじり》二輌は、本町御門前に据えられ、華やかな祭り絵巻に終日賑わった。

　山車行列のほかにも、東練兵場では旧藩士による撃剣、柔術、弓術などの武術仕合の披露、北練兵場（現在の名城公園あたり）では、同じく甲冑いでたちの旧藩士による炮烙《ほうろく》調練（火縄銃の点火）が昔を偲ぶ陣太鼓や鐘、法螺貝の音とともに壮烈に展開した。幕藩体制の時代はほんの少し前のことだったのである。北練兵場では同じように、郡村部の者によって競馬や尾張地方の農民武術である棒の手が披露され、あわせて飛び入り勝手の花相撲も開催された。北練兵場では、このほか仕掛け花火や早打ちなどの煙火大会が昼夜間断なく続いた。

　この華やかな祝祭気分はその後も引き続き、維新後は、旧藩主徳川家が退いて盛衰の定まらなかった東照宮祭も、この年に限っては藩政時代さながらの祭礼絵巻を再現した。新聞もこの年は珍しく、例年にない詳細な記事を載せている。大祭翌日、四月十八日「新愛知」第七面の記事である。

●賑かなる東照宮大祭　神輿《しんよ》を護る武者行列　曳出したる祭車《だし》九輌

県社東照宮大祭の第二日は既記せし如く、昨十七日執行されたり、恰《あた》かも当日は打続く春の好天気に共進会、煙火《はなび》大会などの観覧者を加へ、市中は沸返るばかりの大雑踏を呈し、

就中《とりわけ》東照宮附近を始め師団郭内、共進会場、本町、広小路通り、大須、旭廓《しんち》附近は、人を以て埋まるばかりの大賑ひを極めたるが、当日東照宮にては早旦より、神

殿其他の装飾及び祓《はらい》の式を行ひ、既記の如き祭式順序に依り、祝詞《のりと》、祭文《さいぶん》を奉つり、徳川家代拝の参拝、供《ぐ》進使《しんし》の参向等あり、
正午式典を終へしが、未明より東照宮裏手片端通りに曳込み、整列をなしたる源氏車《げんじぐるま》、鶴車《つるぐるま》、猩々車《しょうじょうぐるま》等九輌の祭車《だし》は、式典の終るや弁慶車《べんけいぐるま》を先頭に、以下整列して正門前に曳出し、各順次参拝の上、同所より茶屋町を本町に出で、夫より本町通りをヒューヒュードンドンの祭り囃子最《い》と陽気に囃し立て、采振《ざいふり》人形の面白き身振に伴《つ》れて、各々得意の人形《でく》を操り、玉屋町、鉄砲町を経て午後三時、末広町の若宮八幡宮へ曳渡し、
是に続いて午後三時より、神輿の渡御あり、警護の甲冑武者、唐人、虚無僧等の行列一行四百余名は是に従ひ、法螺貝、陣太鼓、鐘などを打鳴して、騎馬の勇将是を指揮し、静々《せいせい》と列を乱さず、八幡宮に練込みしは午後五時頃なりしが、
此の盛儀を見んと朝来《ちょうらい》東照宮及び沿道に堵列《とれつ》したる老幼男女は其数幾十万なるを知らず、沿道の家々には祭車、神輿渡御を見ん爲め、赤毛氈、絨氈《じゅうせん》などを綺麗に敷詰め、客を招くなど、非常の大盛況を極めたり、
夕刻に掛け神輿の帰還あり、夜間は九輌の祭車が色様々な万灯《ばんとう》を点じて祭車を飾り、一層花やかに賑やかなる祭り囃子にて、猩々車を先頭に各町々へ帰還せし事とて、是又身動きもならざる大賑合を呈したり、
東照宮始め若宮神社境内、及び沿道各町には見世物、植木店、金魚店其他の露店など、所ろ狭しと店並《い》び、何れも客足ありて、近年になき盛観を呈したり

この東照宮祭典を写した絵葉書が何枚か残っている。ちょうど広小路本町の交差点付近の様子を捉えたもので、立錐の余地もないほどの賑やかな人出である。見物人の服装も警官や軍人、学生らしき男性以外は、ほとんど和服であり、まだまだ洋服になじみのない時代の様子が伝わってくる。本町通りの右手奥に見える塔は、長谷川時計舗という輸入時計を扱う商店である。店の屋根に時計塔を設け、道行く人々に時間を知らせるとして、名古屋市中の名物であった。そして、交差点角は左右とも老舗の呉服店である。左右に延びる通りが広小路通りであり、普段ならばここを終日、名古屋電気鉄道の路面電車が買い物客や共進会見物の客を乗せて走っている。しかし、この東照宮祭の日だけは、新参者の電車が伝統ある祭礼行列に一歩譲らねばならなかった。

こうした近世以来の伝統を引き継ぐ行事が各種催された

09　名古屋東照宮祭典実況　広小路本町交差点の雑踏を南側からとらえる。からくり人形の載る山車が交差点にさしかかったところ。電車の運行を一時止めて祭礼を執りおこなった。山車の奥に写る時計塔は長谷川時計舗。

一方で、世の文明開化を感じさせるイベントも記念祭や共進会の会期中、並行しておこなわれた。市中至るところの会社や大商店、広小路通りなどの目抜きには、電灯や大弧光《アーク》灯のイルミネーションを飾り、三月一日から共進会が終わるまで点灯を続けた。また電気鉄道は花電車を縦横に運行して文字通り花を添えた。共進会会場も夜間開場の目玉として全館イルミネーションを点灯し、幻想的な光景を現出して好評を博したが、こうした煌々と電灯やアーク灯のともる街の姿は、新聞が「美麗壮観」「不夜城を現出したり」と伝えるとおり、それまでにない新しい都市の光景であった。祝祭空間を光で演出したのである。開会当日、三月十六日朝の新聞「新愛知」第三面には、開会直前のわくわくする高揚感で、どれだけの電灯がともるのかを事細かく報じている。

●化粧せる共進会嬢　彩旗とイルミネーション　空前の奇観壮観を呈せん

長かりし共進会嬢のお支度も晴れの日今日と迫りては、遉《さす》がに工事の出来《しゅったい》せざるもの一小部分を剰《あま》せるのみ、此の勢ひにては如何《いかが》かと、気遣はしめたる場内の陳列も、一両日来頓《とみ》に捗《はか》取りて、兎も角本日開会式後の観覧には全部の整頓を示さん意気込空《あだ》ならず見受けられ、お支度は愈々《いよいよ》成りて共進会嬢は、今日より九十日間お化粧したる其の美くしき顔を、鶴舞公園に現はさんとする。

（本館の屋上に掲揚せらるべき旗は、国旗と会旗との二種にて、其数合計六百一旒《りゅう》…に始まって会場内の旗の数を大きさごとに詳細に記すが省略）

若《も》し夫《そ》れ夜に入《い》らば一万六千四百五十三灯、八万三千燭の電灯は一斉に点火せらるゝ、イルミネーションの光景に至っては美観壮観、満都の人々を酔はしむべし。其灯数の内訳は正門二千八十九灯、本館一万三百灯、機械館千七百九十二灯、特許館千二百八十二灯、蚕糸別館三十灯、貴賓館三十一灯、帝室林野管理局出品場二百八十灯、大日本ビーヤホール二百五十灯にして、各府県売店も、思ひ思ひに電灯或は瓦斯灯を以て装飾を施こせるが、其内瓦斯の分を挙ぐれば、愛知県売店は天主閣の頂上に二千燭光一個、各層の角々に五百燭光十六個、角《すみ》櫓に同上八個宛《づゝ》二個所、大手門上に百廿燭光十八個、同門入口に五百燭光一個、庭内に六十燭光の街灯十一個、売店内部には十六燭光三百四十個を点ず。其他東京、京都、埼玉、富山、岐阜、岡山の各府県も瓦斯を点火する設計なれば、是が悉く点火し終らば、不夜城は忽然として爰《ここ》に現出すべく、共進会嬢が一際《きわ》凝らした夜のお化粧に光り輝く其の状態《さま》は、蓋《けだ》し空前の奇観ならん。

記者さんは会場の夜景をお嬢のお化粧になぞらえて、気の利いた書き方をしている。今ではごく当たり前のイルミネーションも、これだけ大規模なものは百年前の名古屋では初めてのこと。これを売り物にした共進会は、開会初日は無事に試験点灯を済ませたが、いよいよ観客を有料で入場させる二日目は、そう順調にはいかなかった。冷や汗ものの顛末記が三月十八日付「新愛知」第七面に詳細に記される。いつまでも点灯しないので、記者は時間を持て余す。

●共進会の第二日　夜の共進会

共進会の夜間開場は午後五時からと云ふので、六時半頃場内に這入《はい》ったが、電流に故障が生じたとかで、未だ肝甚《じん》のイルミネイションも点《つ》かず、所々の瓦斯も消えて真暗なので、入込む観覧者は一向尠《すく》なく、場内寂寞《せきばく》として吹き捲くる風の外に声なく、暗《やみ》に包まれた黒い人影は所疎《まば》らに点々と動いて居る、

待賓室《たいひん》の背後の消防詰所には、五六の消防夫が集って轟《ごう》然筒音凄じく、悠忽《ゆうこつ》として空に映ずる青紅白紫の烟花《はなび》

10　第十回関西府県連合共進会場イルミネーション　夜間は共進会の全館にイルミネーションを点灯し、昼間の半額で入場できるサービスをおこなった。煌々と輝く正門兼本館と、左手前に広告塔がぼんやりと浮かび上がる。長時間露光の間にぶれたのか、二重写しになっている。写真師にとっては苦心の作だったことだろう。

に見《み》惚《と》れて、ワイワイと騒いで居る、開館早々十分の準備も出来ぬと見え、各県売店は六分通りは閉《とざ》して居る、東京売店浅草苔《のり》の店先には、多勢が蝟集《いしゅう》して居ったが、浅草苔を買ふのではなく、捻《ねじ》鉢巻の若い衆が表の壁に章魚《たこ》の踊って居る広告を書いて居るので、之を観て居るのであった、

演舞場に這入った時は、式三番叟の幕《まく》開《あ》きてあったが、旗や幕や電灯でまばゆき計り、綺麗に装飾《かざ》られた場内は目《め》醒《ざ》むる計り、装《よそおい》を凝した美形連に彩られて、場内の華美《はでや》かさは眼が眩《ま》ひさうであった、

爪も立たぬ程ギッシリと詰めた観覧者は、何《い》づれもフロックコートにシルクハットの堂々たる縉《しん》士紳商中に、五六の将校連の赤筋帽子は一層目立て見えた、其他に余興はなにもなかった、観戦鉄道（一一六ページ参照）の横手のしるこ屋には、二組三組の鴛鴦《おし》連がフイフイと吹きながら、しるこを呑んで居た、

七時半頃イルミネイションは漸く点《とも》った、今迄は真黒《まっくら》がりで死地に彷徨《さまよ》ふて居る様《よう》な気がしたが、幾十万と数知れぬ電気がパット一時に光を放ちたので、場内は宛《まる》で昼のやう、俄《にわ》かに生き返った様な気になって、寒さも何時《いつ》か忘れてしまった、イルミネ（イ）ションの点《とも》った時分には、観覧者は続々と詰め掛けて、さしもに広き場内も半ば人を以て埋められて居た、

大津線も公園線も、往くも来るのも電車は満員、臨時電車を増発して引切《ひっきり》なしに通《かよ》って居ったが夫《それ》でも却々《なかなか》おっゝかぬ光景、正門前から大津町通りまでは、線路を中央に北と南の二條道《すじみち》を帽子や髷《まげ》の波打たせて真黒々と引続いて大賑ひであった

今では「電流に故障」という言い訳は通じない。接触不良か、断線か、はたまた電圧不足か。理由はわからないが、一時間もたって漸く点灯したのは、まずはめでたしである。その後の賑わいは翌日以降も会期中続き、夜間入場は大当たりした。おかげで、昼間の客と夜の客、往く客帰る客で、名古屋電気鉄道も共進会様々である。翌月九日、開会後の運転状況についての新聞記事は、「毎日七八万の乗客、九十台内外の電車と百九十一名の運転手、二百四十四名の乗務員、四十名の信号手、約五十名の常務見習生、計五百二十余名の人間によって観覧者の大部分が運搬せらるる」と、会期前の倍の規模に達したと伝えている。

また、夜景というものは、口で表現しようとしても、曰く言い難い光景である。共進会の記念絵葉書もこのイルミネーションに会場全体が輝く様を種々取り上げ、格好の旅土産となった。こちらは、地上で観る眼であるが、いわばフクロウの眼。電灯やアーク灯（ガス灯）が煌々と強烈に光り輝く夜景もまた、うすぼんやりとゆらめく山車の提灯とはまた違った趣で、人々を魅了する新たな景観の出現なのであった。共進会絵葉書の白眉とも言える二枚続きのパノラマ夜景は、全館に灯るイルミネーションをとらえてはいるが、長い露光の間にカメラがぶれたのか、二重写しになってしまった。眼には見えども容易にくっきりとは写らない夜景に、写真師はさぞかし手こずったことだろう。

第1章　メタモルフォーゼなごや

——変わりゆくまちの風景——

11 （名古屋）納屋橋　大正２（1913）年５月５日モダンな橋に架け替えられて渡橋式が執りおこなわれた。電車の軌道は石畳敷きとなり、左右の車道はアスファルト舗装となった。

すていしょん　停車場から駅へ

それは「名古屋とばし」から始まった

現在、手元で確認できる絵葉書の中で、もっとも古い名古屋の姿は、明治十九（一八八六）年に開業した頃の名古屋停車場、すなわち、現在のJR名古屋駅が初声をあげた時の景観である。しかし、その頃はまだ日本国内では、絵葉書は郵便物として用いることも、私製葉書として発行することも認められていなかった。当然「絵葉書」という言葉自体、まだなかったと考えた方がよい。

そんな古い時代の様子を絵葉書で目にすることができるのは、ずっと後、昭和十二（一九三七）年に、三代目にあたる名古屋駅の駅舎が竣工開業した際に、初代の駅舎を刷り込んだ記念絵葉書が発行されたからである。この名古屋駅、いやいや、「名古屋停車場」の開業から話を始めよう。最初の頃は「駅」とは呼んでいなかったのだから。

明治十九年、当時は名古屋市街地の西のはずれにあたる広井村笹島《ささしま》の、荒涼たる湿田地帯の中に木造平屋建ての停車場が設けられた。新橋（後に汐留貨物駅となった場所）―横浜（現在の桜木町駅の位置）間に始まる日本の鉄道は、少なくとも明治の前半期、まだまだ鉄道敷設が全国に広まっていない段階では、決して歓迎されるものではなかったようである。最初にできた停車場が、必ずしも乗降に便利な市街地ではなく、ぽつんと離れたところにできたという話は、各地で聞くものである。名古屋もこの例にもれなかった。江戸時代以来の名古屋の市街地は、東側の高燥な名古屋台地の上にあり、東西南北にちょうど碁盤の目のように整然と街区が形成されて、俗に「碁盤割」と称されていた。停車場は、この碁盤割からはるか西のかなた、台地を下った、低湿地に設けられたのである。

昭和十二年新名古屋駅竣工の記念絵葉書には二枚組のものが二種類発行されている。どちらにも収録される開業当初、明治十九～二十年頃の様子は同じ写真原板にもとづく景観である。人気のない停車場の手前には、池らしき大きな水たまりがあり、その縁には車輪を洗うため

12　昭和12（1937）年2月1日、新名古屋駅が竣工した際に発行された記念絵葉書の1枚。明治19（1886）年開業当時の初代名古屋駅（上）と明治24（1891）年濃尾震災後に再建された2代目名古屋駅（下）を写す。

であろうか、人力車を傍に置いて車夫が佇んでいる。そして、池の横には、左手前から停車場へ延びて行き止まりとなっている道路が写っている。これが、後に広小路通りと呼ばれるようになる道路で、この明治二十年頃、名古屋の市街地と停車場を結ぶために新たに整備された笹島街道である。周りに人気はなく、人力車夫が手持ちぶさたで客待ちしているのも、開業当初は、一日に何本も列車が走っていなかった（正確には午前午後各一往復のみ）ためである。名古屋近辺の鉄道敷設は、まず知多半島の武豊にレールなどの資材を船から荷揚げして始まったのであり、後に東海道線とよばれる日本一の幹線鉄道は、名古屋近辺では、まだ西にも東にもつながっていなかった。

　さて、停車場前の池に話を戻す。この池は、おそらく自然の池ではないだろう。停車場が設けられた場所は、もともと水はけの悪い低湿地であり、そこへ線路の地盤を固めて停車場を設けたり、市街地と結ぶ新たな街道を造ろうとすれば、どうしても線路敷地や道路敷地、さらに停車場用地の埋め立てとかさ上げが不可欠となる。そのためには、周囲の土地を掘り起こし、それを盛り土に使うのがもっとも簡便な工法であって、実際に、取付道路の工事が始まる前の新聞記事に池の話が登場する。明治十九年三月六日付「扶桑新報」第三面から。

○**停車場の設置**　江川より笹島停車場《すていしょん》までの道路を、此ほど築造さるゝに付、線路の高さに比ぶれば三尺五寸余の持出しにて、見積金額壹万五千円なるを受負《うけおい》したしと、広井村の堀田小平治が戸長岩間氏の許《もと》へ赴きて相談したるに、同氏も賛成され、其計画《もくろみ》のため、日々処々に集会さるゝ由、右堀取《ほりとり》の跡は池となし、近傍へは楓《かえで》桜等多くの樹木を植付け、風景を粧飾《しょうしょく》するとの見込なりといへば、出来上のうへは嘸《さ》ぞ一層の観を呈するならん

道路整備の折には、土砂を採取した穴を池として、周囲に楓や桜を植樹する計画を立てている。それにしても約一メートル以上のかさ上げは、大事業である。ただでさえ沼地のような地盤なのに、土砂を掘り採るのだから、後々、工事跡にはこうした池が点々と広がっていたという。また、停車場や線路の路盤工事もあるので、土砂を現場で掘り採るだけでは足らず、庄内川から川砂を大量に採取したらしい。

しかし、この街道整備は遅々として進まなかった。当時はまだ名古屋市は成立しておらず、名古屋区と呼んでいた時代であった。この土木工事の費用を捻出するため、吉田禄在区長は盛んに官吏や住民から寄附金を募っていた。が、鉄道の効用など、そうやすやすと理解されるはずもない。金を出すなど真っ平ご免とばかりに、碁盤割の中心に位置する玉屋町のように、三月二十四日「別段著敷幸福は無之儀と推考仕候」と、上申書まで提出して声高に異議を唱える町内も出てきた（三月二十五日「扶桑新報」第二面）。市内随一の富裕商人の集まる町内がこれでは、他の町内は「上等町々の定まらさる先に、貧民の夥多《あまた》なる吾々の町内が率先するとは、出過ぎたる事なり」（四月十四日「扶桑新報」第二面）の有様で、寄附金を出すわけがない。

道路整備が滞る中、鉄道は同年三月一日の熱田開通に続いて、四月一日には清洲まで開通した。名目上は鉄道資材の輸送の便にあわせ、旅客や貨物を取り扱うという便法である。しかし名古屋にはこのとき、停車場はまだ存在しなかった、というより、停車場の設置そのものがまだ未確定だったようだ。武豊発一日二往復の列車は、熱田と清洲の間を停車することなく走ったのであり、かつて新幹線で話

題となった「名古屋とばし」ははるかここに始まる。

　当時、新聞の最終面であった第四面最下段に記載される鉄道局の時刻表では、武豊―清洲間に二時間三十分も要した。なおかつ「列車発着ハ此表示ノ時刻ニ違ハザル様ニハ請合ガタシ」と断り書きを入れるほどで、定時運行などおぼつかない時代であった。もっとも当時の一般庶民の方も、まだまだ時計を持つ時代ではない。分刻みの時間感覚など、そもそも持ちようがなかった。この清洲開通からまもない四月七日付「扶桑新報」第二面には、その頃の鉄道工事の様子を記す。

　○**土砂の運搬**　枇杷島川（＝庄内川のこと）の砂を堀出し、汽車にて東西へ運搬によるは、如何に使用さるゝものにやと尋れば、全く鉄道敷板腐朽の予防の爲め、該砂を以て埋るの用に供せらるとなりと云ふ

　今風に述べれば、枕木を敷設する路盤工事のために大量の川砂を採取し、輸送していたのである。正式に名古屋停車場の設置が決定したと、新聞で報道されたのは四月十七、八日頃のこと。確定した停車場の敷地「壹町三反八畝歩」に必要とされる「持士の坪は貳千坪なりと云ふ」と推量された。埋め立て、かさ上げに要する土砂は六尺立方の《坪》を単位に表現する。二千坪とはとてつもない量であった。この停車場構内で要する膨大な土砂を得るため、まず先に清洲まで工事用の線路を引いたのは、合理的な判断であったことがよくわかる。清洲開通から一月後、五月一日になって、ようやく仮停車場の形で名古屋も貨客の取扱を開始した。ただ当初は「名護屋停車場」と称しており、これが今につながる名古屋駅の始まりである。開業当日の様子は、翌五月二日「扶桑新報」第三面に記事が載っている。

　○**笹島停車場**　昨日は予て当笹島仮停車場より人民の乗車往復を初められしが、別に其景況とて記す可きものなく、折あしく雨《ふ》たり晴たりの天気なれども、見物人は山を成すの雑踏にして、掛茶屋の一服一煎上燗店抔《など》は相応に銭儲けもありし由なるが、乗客は其割には多分なかりしと

　熱田まで開業した二月前、長島町の校書《げいしゃ》連十六、七名が紅裙《こうくん》を翻して始発列車に乗り込んだ熱気はどこへやら。物珍しさもまったく消え失せ、特段記事に書くこともなし、

野次馬ばかりで乗降客もたいしたことはなしと、何ともさえない初日である。そして、停車場までの笹島街道が完成したのは、年も改まった翌二十年二月のことであった。最後は新設道路に撒く砂利を尾北の木津《こっつ》村あたりに求め、二百五十艘の運搬船と市中の荷車三百余輛、さらには囚徒に外役までさせて完成を急いだ（二月一日「扶桑新報」第三面）。こうした多難を乗り越えて、停車場前の景観はできあがったのである。

絵葉書に写るこの初代の停車場舎屋は、明治二十四（一八九一）年十月二十八日の濃尾震災で倒壊してしまったために姿を消し、二代目の舎屋にとってかわった。その後の絵葉書に登場するのはこの二代目の舎屋なのであるが、相変わらず木造平屋建ての建物であった。舎屋の玄関部分に屋根が新たに設けられた点が初代と異なるが、名古屋という都市の規模に比しては実に慎ましいというか、簡素すぎるほどに簡素な建物であった。よく言えば質素、意地悪く言えば、大都市に似つかわしくない貧相なこの景観は、昭和十二年、コンクリート製の近代的な巨大ビルに生まれ変わるまで、長く続くことになった。

我々がごく普通に現在「駅」とよんでいる施設は、簡単に言えば鉄道に乗り降りする場所であり、これは誰でもごく当たり前のことと思っている。しかし、日本に鉄道がもたらされてしばらくの間は、冒頭に述べたように、決して「駅」とは呼ばれてはいなかった。当初の訳語はさまざまで、明治の初め、岩倉具視の遣外使節に随行した久米邦武の著書『米欧回覧実記』では「鉄道館」なる語彙を用いている。確かにこれもまちがいではないだろうが、結局この言葉は定着することなく、漢字表記では「停車場」に集約されていった。大正年間に入ってようやく開業した現在の東京駅も、できたときの名称は「東京中央停車場」である。ただし、漢字そのままに、《ていしゃじょう》もしくは《ていしゃば》とすんなり読んでいたかどうかは、どうもあやしい。前述の新聞記事にもあったように、《すていしょん》と外来語をそのまま「停車場」の漢字にルビをふる例があちこちに見られるのである。

この件は、別項でも改めて登場するので、ここでは控えるが、名古屋の絵葉書でも明治末から大正初め頃に発行されたものには、「名古屋笹島停車場」「名古屋ステーション」「名古屋停車場前之景」といった表題が用いられており、決して「駅」ではない。これはなぜなのか、おわかり

13　昭和 12（1937）年 2 月 1 日、新名古屋駅が竣工した際に発行された記念絵葉書の 1 枚。すべて高架となった構内の線路とプラットホーム、円内にそれまでの名古屋駅を写す。全面高架の構造は昭和 12 年以来今でも変わっていない。

であろうか。逆説的な言い方だが、鉄道の停車場は「駅」と呼ぶには、あまりにも似つかわしくないものだったからである。

手元にある国語辞典を引いてみる。まずは、大槻文彦著『言海』。明治期を代表する辞書で、明治二十二年に私家版を刊行した後、明治三十七年に初版が出版された。ただし、手元にあるのは、かなり下って大正十二年の第四百廿三版であることをお断りしておく。この辞書はすでに五十音順となっており、「えき」を引くと、実に簡単明瞭で、ただ一行のみ。

　えき（名）駅（＝実際には旧漢字の「驛」である）ウマヤ、宿場

「宿駅」という言葉があるように、古来、駅とは荷物を運ぶ伝馬を宿場ごとに継ぎ立てる場所であった。ウマヤ（厩・馬屋）の意味はこの伝馬制度に由来するものであり、明治になって近代的な郵便制度ができ、鉄道による貨物輸送が始まったとしても、荷馬車や乗合馬車など、相変わらず馬は重要な輸送手段であった。都市部にあっても決して役目を終えたわけではなく、かなり後、昭和に入ってからでも、荷馬車は意外なほどに活躍しているのである。要する

に、駅＝ウマヤの固定観念が払拭されない限り、停車場をすんなり「駅」と呼ぶことはできなかった、と考えるのが自然なのではあるまいか。

さらにもう一つ。《ウマヤ》から転じた《宿場》の意味でも鳴海駅、熱田駅、一宮駅といった表現が明治二十年頃でも新聞記事に出てくる。だから、熱田停車場と熱田駅ではまるで意味するところが違うのである。さらに、同じ頃制定された法令に駅伝取締規則なるものがあり、これは人力車とその車夫を対象とする規制であった。明治十九年六月十日付「扶桑新報」第二面、名古屋市成立以前の行政組織、名古屋区での事例である。

〇駅伝取締所の規約　今回本区（＝名古屋区）にて駅伝取締を設置され、人力車の客待所を区内八十三ケ所と規定したるが、是迄他の郡村市街より客を載せ来る車夫も、客待所に同く休憩して、其客待所に常置のものと同一に乗客の求めに応じたるが、駅伝取締設置の上は、他の者は一切客待所へ入れざることと定まりたるよし

自家用の荷車を除き、賃銭を要する貸車、挽夫営業の者は総て、区域ごとに加入を強制された（同年五月二十八日付「扶桑新報」第二面）。これは事実上、区域外の人力車に対する営業制限に近い。名古屋近郊の鳴海駅にも同じように駅伝取締所が置かれ、五月二十日に正副二名の取締人が選ばれている。これらのことからして、同じ陸上交通の分野で用いる言葉ではあっても、要するに当時の人々の観念として、「駅」はまだまだ鉄道と結びつく段階にはなかったと理解しなければならない。

これに対して、大正十四年初版発行の三省堂『広辞林』では、一、うまや、しゅくば、の意味とともに、二、停車場、の意味が加わっている。戦後昭和二十七年に同じく三省堂から初版が刊行された金田一京助編『辞海』も同じである。基本的に国語辞典というものは、新語や流行語、変化した語義の登載にはかなり慎重であり、相当程度、言葉として定着していないと採録しない傾向が強い。一方、新聞はその時々に、どのような意味でその言葉が用いられていたか、生き生きした傾向《トレンド》をつかむことができる。「停車場」と「駅」を併用する記事を紹介しよう。明治四十三年、名古屋で大規模な共進会を開催中の四月二十九日付第七面、乗降客で賑わう一日を追った「新愛知」記者のルポである。明治もまもなく終わろうとする頃、鉄道も停車場

もすっかり日本人の生活にとけ込み、「駅」はすでに《ウマヤ》《しゅくば》から《すていしょん》に完全に置き換わっている。もちろんウマヤの匂いはかけらもない。

●停車場《ていしゃじょう》の半日　雑踏せる名古屋駅の昨今

共進会開会以来、当市へ来往する旅客《りょかく》は非常に夥しく、連日既載の如き状況であるが、昨今旅行の最好《さいこう》時季に達したので、一層其の数を増すに至り、日々数万人の旅客の来往を見るに至った。そこで此の旅客を呑吐《どんと》する、名古屋駅の雑踏せる模様を、観察に出掛けた、半日の状態《さま》を、茲《ここ》に記して見やう。

▲様々な身拵へ　旅客の服装を差別して見ると、洋服扮装《いでたち》や絹物づくめで、黄ろい物を指にピカ付かしたり、同じ色の鎖をブラ下げたりして居る上流向《むき》が二分で、木綿着物に脚絆《きゃはん》、日和《ひより》下駄と云ふ風で、風呂敷を背負《しょっ》た下等向が五分、此の両者を折衷した所謂《いわゆる》中流向が三分と云ふ色分であるが、無論見掛が立派だから財産家と云ふ訳もなければ、綿服《めんぷく》に腰弁当だから、其日暮しの者と云ふ筈はない、那方《どちら》かと云ふと、中流以下の者ほど服装《なり》を張って見せると云ふのが常だから、一概に断定を下す事は出来ない。

▲一二等と三等待合　喧々囂《ごう》々と騒々しい待合室を観察して見ると、三等待合所では貴女《あんた》はん何地《どこ》へとか、是から参宮して京都へ参りますのとか、色々な談話《はなし》を交換して居るのや、名古屋の城を評したり、偖《さて》は土地の事などを評して居るのが一番多い。一二等待合を覗いて見ると白と青切符を待《も》っ（＝持つの誤植か）たゞけに、幾らか異《おつ》に気取ってる連中が多い、隅ッ所《こ》に若い高襟《はいから》式の夫婦が新婚旅行と戯《しゃ》れたのか、然《さ》も嬉しさうに何だか話して居る、是方《こちら》では子供を綺麗に着飾らせた年増《としま》女が、婢《おさん》らしい女と列《なら》んで居る、美しい女に一瞥《べつ》を呉れて居る気取男もあれば、大鞄を開けて中を調べて居る紳士風の男もある、新聞を手にして、横文字欄を判るか如何《どう》だか、眺めて居る嫌男《いやぶつ》など、千差万別であるが、三等待合所ほど騒々しくは無い。

▲出札所と改札口　駅夫が上り新橋行が出ます、関西線参宮、湊町行が出ます、中央線が出ますと、待合所を彼方此方《あちらこちら》と呼歩くと、互ひに目的地に向ふ切符を買始める、動物園式に金網を張った中では、白粉をヘゲル位ひに塗た切符売式部《ふだうりしきぶ》が一生懸命に出札をやって居る。田舎の婆さんが、京都の御本山へ詣って、夫から善光寺へ御礼参がしたいが、往復は何程《なんぼ》しますと、永い質問をすると、出札姫は無愛想に『夫は前の案内所でお聞なさいッ』とピンと浴《あび》せて置いて次の旅客に接して

居る。隣りの出札口では『早く剰金《つり》を持て横へお行下《いで》さい、次の方が待て居らっしゃるから……』と、出札姫が赤いリボンを十六世紀時代の帽子に挿んだ四十男に言って居ると『そんな事が出来ますかイ、後で足らぬ時は如何《どう》するだ』と、悠々緩々として剰金を数へて居るのなどで、網の中と外で喧嘩が始まってるやうだ。又改札口ではお役人然と構へた日給三十八銭が、切符に鋏を入れて早く早くと急立《せきたて》て居るのや、汽車から降りた大勢の者が、吾れ遅れじと杖を突た老人、荷物を負《しょ》った夫婦連が手を引合ひ、狽《あわ》てゝ改札口を出るなど、随分滑稽なのがある。

▲汽車到着の様々　プラットホームには夥多《あまた》の客が待って居る、列車が着くと降る人、乗る客で大混雑、宛《まる》で戦争《いくさ》のやうだ、此室《こゝ》が空《す》いて居ると、赤切符で一等車へ乗込む田紳《でんしん》もあれば、郵便車へ飛込んで大張込を喰って迷惑《まごつ》く連中もある、一方では荷物を受取らうとして、押合ひ犇《ひし》合って居る。駅前では車夫がズラリと車を並べて、乗車を勧めて居る、電車へ駈込む者、宿屋を巡査に問ふ者などで大雑踏を極め、停車場附近の宿屋では、番頭が腰を屈めて五月蠅《うるさ》く、お泊まりお泊まりと、一生懸命にお世辞を振蒔いて居る。中には紀念会案内所へ行って、色々と尋ねて居る悧巧《りこう》な連中もあると云ふ按配《あんばい》で実に其忙しさ騒々しさの様《よう》と言ったら目が眩《ま》ふ位であった。（花生）

記者は日がな一日、構内を生き生きと文字で活写している。田紳（田舎紳士）などは、もはや死語に近いが、ハイカラ《High Collar》の直訳表現「高襟」は、お見事。

列車が着くたびに、泊まり客の呼び込みに、宿屋の番頭が声を張りあげているが、官公庁の役人や軍人を筆頭に、観光客や商人、長旅で汽車の乗り換えに一泊を要する人など、駅前では何かと宿屋の需要が多かった。

「名古屋停車場前之景」と題する絵葉書には、木造三階建ての旅館が軒を連ねる駅前の光景が写っている。開業当初の池や、人家のないわびしさはもうどこにもない。手前の駅前広場には、ビール会社の広告塔が二基立ち並ぶ。このうち《カブトビール》は地元、愛知県半田産の銘柄であり、他方、ビール瓶の形状を模した塔の三銘柄《サッポロ・ヱビス・東京ビール》は大日本麦酒の銘柄である。同社は明治三十九年に札幌麦酒《サッポロビール》・日本麦酒《ヱビスビール》・大阪麦酒《アサヒビール》の三社が合併して誕生したビール会社であり、その翌年、明治四十年には東京麦酒《東京ビール》を買収して、さらに企業規模を拡

14　名古屋停車場前之景　駅舎側から駅前広場を望む。電車は明治 31（1898）年開業の名古屋電気鉄道で、広小路通りをこの停車場前から久屋町（県庁前）まで走った。広場に面して建ち並ぶ木造 3 階建ては駅前旅館である。明治末から大正初期頃の景観。

15　上の景観を広場の東南方向からとらえたもの。旅館・支那忠支店の階上広間から駅前を望む。上と同じくビール会社の広告塔が 2 基立ち並ぶ。現在は書額にある「信忠閣」の名で料理店を営業。

大した。この経緯からして、少なくとも同年以降立てられた広告塔であることは、まちがいなかろう。そして下限は大正四年頃。なぜかは、項を改めて述べる。サッポロ・ヱビスは説明するまでもないが、残念ながら東京ビールは現存しない。細かいことを述べれば、この広告塔のまわりでは、掃除を終えたのか、人夫数名が箒木を手にしている。また、土ほこりを抑えるのに水をまくのだろう。ひしゃくを持つ人夫が桶の横に立って身をかがめている。

そしてこの駅前広場の奥を走る小さな電車は、右手奥に延びる道路（これが広小路通り）を通って、東方の市街地に通ずる名古屋電気鉄道の電車である。明治三十一年創業で、停車場と市街地との連絡に多大な役割を果たした。窓がいくつあるか、目をこらして数えておいてほしい。七つである。電車の件は後ほど再度触れるので、覚えておいていただきたい。なお、これら駅前の建物や道路の位置関係からして、当初の名古屋停車場は現在の笹島交差点の少し西北寄り、三井住友銀行のあたりだったと考えられている。

実は、この駅前広場の光景を別の角度から写した絵葉書が残っている（前ページ下）。広場南方の支那忠旅館の階上広間から停車場方面を望んだもので、その広間には「信忠閣」の額がかかっている。「信忠閣」は屋号にもとづく命名であり、この旅館は市内碁盤割の富沢町三丁目南角、旅館信濃屋忠左衛門の支店なのである。広間にかかる額には「丁未一月」の干支が墨書されており、この干支に該当する年は、明治四十年以外には考えられない。外に広がる広場にはビールの広告塔も二基立っており、年代も景観も、先の絵葉書とうまく符合している。景色は、夕暮れであろうか。照明がともり、電車の軌道が照明を反射して光り、駅前から広小路通りへカーブする様をカメラが捉えている。

さて、額の話に戻ろう。最後の文字は「典書」と読めそうである。この額にまつわるエピソードを最後に一つ。

この支那忠支店には、陸軍大将乃木希典《まれすけ》の奥方が質素な服装で一人投宿したという話がある。田舎の婆さんのようなつましい身なりに、宿屋の番頭は奥方を冷たくあしらい、昼なお暗い粗末な部屋へ通してしまった。そこへ、陸軍の演習を終えた乃木大将がはるばるやって来た。地元の名士も次々挨拶に顔を出す。電報を送っておいたから妻が来ているはずだという乃木大将の言葉に、旅館はにわかに大騒動となったという。まだ名古屋鎮台と呼んでいた明治の初め頃、乃木大将は当地に赴任していた経歴がある。以来、大将はこの旅館をこよなく愛したという。乃木希典の自筆書状には、ただ一字「典」と署名する事例もあるので、後年「信忠閣」の書額にも筆をふるったという言い伝えと矛盾はしないが、ただ、この絵葉書に写る額の字を乃木大将直筆と考えるのはかなり無理があるようだ。真筆は家宝として大切にしまい込み、その写しを広間に掲げたと考えた方がよさそうである。なお、この旅館は関西鉄道（ＪＲ関西線の発祥）で汽車弁当を請け負っていた時期もあり、現在はこの額の名称で中華料理店を市内各所に営んでおられる。意外なところで歴史はつながっているものだ。

めざせ！　駅の大改造

濃尾地震という予期せぬ災害で、駅舎の立て直しに出費を強いられたためであろうか。その後、名古屋駅は、乗降客も貨物も、そして戦前のことであるから、師団所在地として軍事輸送も相当増えていきながらも、駅舎を改築するタイミングを失してしまった。日本各地には、都市の玄関として恥ずかしくない堂々とした煉瓦造り、あるいは木造であっても瀟洒な洋風の駅舎を建築した都市は数多いが、不幸にして名古屋はそうした機会を持つことができなかった。つぎはぎだらけの急場しのぎで、増大する旅客と貨物をさばきつつ、巨大ビルに生まれ変わる昭和十二（一九三七）年まで、長い雌伏の時間を過ごした。しかし、見方を変えれば、拙速を避けたこの長い時間は、遠大な構想を実現するための熟成期間となった。

大改造の構想が、実現に向かって本格的に動き出したのは、思いのほか古く、大正八（一九一九）年末のこと。結果から言えば、完成に至るまでほぼ二十年近くも要するという大事業の始まりであった。年の瀬も押し詰まった同年十二月十九日付「新愛知」第七面に紙面のほぼ上半分を占める大きな記事が載った。まずは大見出しから。

●愈《いよい》よ具体化された　大《グレート》名古屋の創造
創造会議たる都市計画委員会は来《きたる》廿二日から内務省に開かれる
大玄関《だいげんかん》名古屋駅改築の骨組

名古屋都市計画委員会は既報の通り、本月二十二日内務省に開かれる筈であるが、内務省では一部の名古屋市区改正委員の希望を容れて、二十二日の委員会に提出される計画案の大要を十七日附で郵送し、其の参考案は十八日第一便で、名古屋郵便局から現市区改正委員の許へ配達された、右に関し本社が探知する処に拠れば、名古屋駅改築案の内容なるものは、大要次の如きものである。

この後、事業内容が詳細に報じられているが、記事がかなり長文であることと、内容の重複が多いので、まずは小見出しのみを拾う。これだけでも概要はほぼつかむことができる。

●高架線実現　高架線は盛上式で
　堀川から惣兵衛川に及ぶ大名古屋駅改築設計
●新装の名古屋駅は旅客専門駅
　貨物専門駅を切放《きりはな》して旧愛知駅跡に新設
●千種大曽根駅の改築は問題とならず
●愛知町には影響少し　立退きは約百戸
●現在の位置から四五十間後退
　その跡には大広場が出来る
　理想的の大玄関を成す

●軍事輸送上に大関係　工藤参謀上京

要点は、①線路を高架とすること、②旅客駅と貨物駅を分離すること、③新駅は旅客専門駅として現在位置から四十～五十間ほど後退（西側へ移動する意味である）させて大広場を造ること、④貨物駅は関西鉄道始発駅であった愛知駅跡地に設けること、以上である。④の愛知駅跡地とは元関西鉄道の始発駅で、名古屋駅西南方の関西線南側の位置にあたり、後にこの構想が実現して笹島貨物駅となった場所である。しかし、その貨物駅も今ではすでに廃止となり、今後の跡地利用が期待される段階になっている。この構想では、立ち退き問題や高架化のための用地買収、遠大な土木工事等など、乗り越えるべき壁は相当高かったと思われる。さらには、この大正八年時点では、まだ名古屋市は周辺町村との合併が実現しておらず、この大改造の対象となる区域はほとんど名古屋市外であった。名古屋市当局が行政面から前面に立てるのは、大正十年八月二十二日、周辺十六町村との大合併が実現して後のことである。先の小見出しの元となった改築設計案は次のとおりで、新聞記事の末尾に全文が掲載されている。

●名駅改築設計案

内務省から名古屋市市区改正委員に配附されたる

一、本停車場前後東海道線堀川橋梁附近より、一三六哩《マイル》一〇鎖《チェーン》、（惣兵衛川）附近に至る間、並《ならび》に中央線及名古屋海陸聯絡線に之に平行する部分は、現在地平式なるを昂上して高架式に改築す、但し中央線は堀川より東北踏切道までの間に、東海道線と上で交叉の爲低下す

二、東海道線、一三六哩《マイル》一〇鎖《チェーン》、（惣兵衛川）附近より庄内川附近に至る区間は、将来必要に応じ高架式に改築す

三、関西線は、笈瀬川附近より漸次昂上して旅客停車場に至り、全く高架式と為す

四、高架線路の構造は大体盛上式として、之を横断する道路及水路は、総て其の下を通ぜしむ

五、停車場設備を旅客及貨物に二分す

六、旅客停車場を高架式とし、現在位置より少しく西方に移り、前面の広場を拡大す

七、旅客取扱設備としては、乗降場四個を設け、内二個は東海道上下、一個は関西線、一個は中央線専用と為す

八、貨物停車場は全く地平式とし、旧愛知停車場を南方に拡張し、之に貨物積卸場八個を設く

九、明治橋附近より南方に向け、東海道の東方に沿ひ、幅約十間の道路を新設し、東海道線々路の下に、地下道二ヶ所を設け、貨物停車場へ通ぜしむ

まず、後に貨物駅として独立する貨物取扱場が先行して第一期工事を完成させ、昭和四年には稼働を始めた。正式に笹島駅の名称がつくのは、新名古屋駅と同じ期日であるから、その状況を写す絵葉書は昭和十二年以降まもない頃であろうか。新しい貨物駅を写した絵葉書には、貨物自動車とともに、まだまだ多くの荷馬車が活躍している様子が写っている。こちらは匂いにも、かつての「駅」のなごりをとどめていたことだろう。余談ながら、市役所の清掃担当部署はかなり後年まで、馬が道路に点々と落としてゆく糞に悩まされ続けた。

その後、高架部分の路盤かさ上げ工事や、中央線と東海道線の立体交差、駅舎本体の建築と大工事が進み、名古屋汎太平洋平和博覧会の開催を控えた昭和十二年二月一日、ようやく新しい名古屋駅の巨大ビルが竣工した。開業当初は、駅ビルが西北方へ後退した結果として、新駅の前面

16　笹島駅の貨物取扱場の光景　旅客駅と分離した貨物駅が正式に「笹島駅」と命名されたのは、新名古屋駅竣工と同日であった。開業後の賑わいを写す。昭和10年代になっても、貨物自動車に混じってまだまだ荷馬車が活躍していた。

に旧来の線路が残るという、珍妙な光景が一時見られたが、この地上を走る古い線路の撤去と、市電の延長工事をもって、大工事が完了した。線路もプラットホームも高架となり、その下に駅の東西を自由に通り抜けることのできるコンコースが誕生した。当時はここを「改札広間」と呼んでいたようだ。これだけ大規模な自由通路は、東京駅にもない設備であり、平成になって駅ビルが高層のツインタワーとなった後も、大正年間に構想が立てられた駅本体の高架

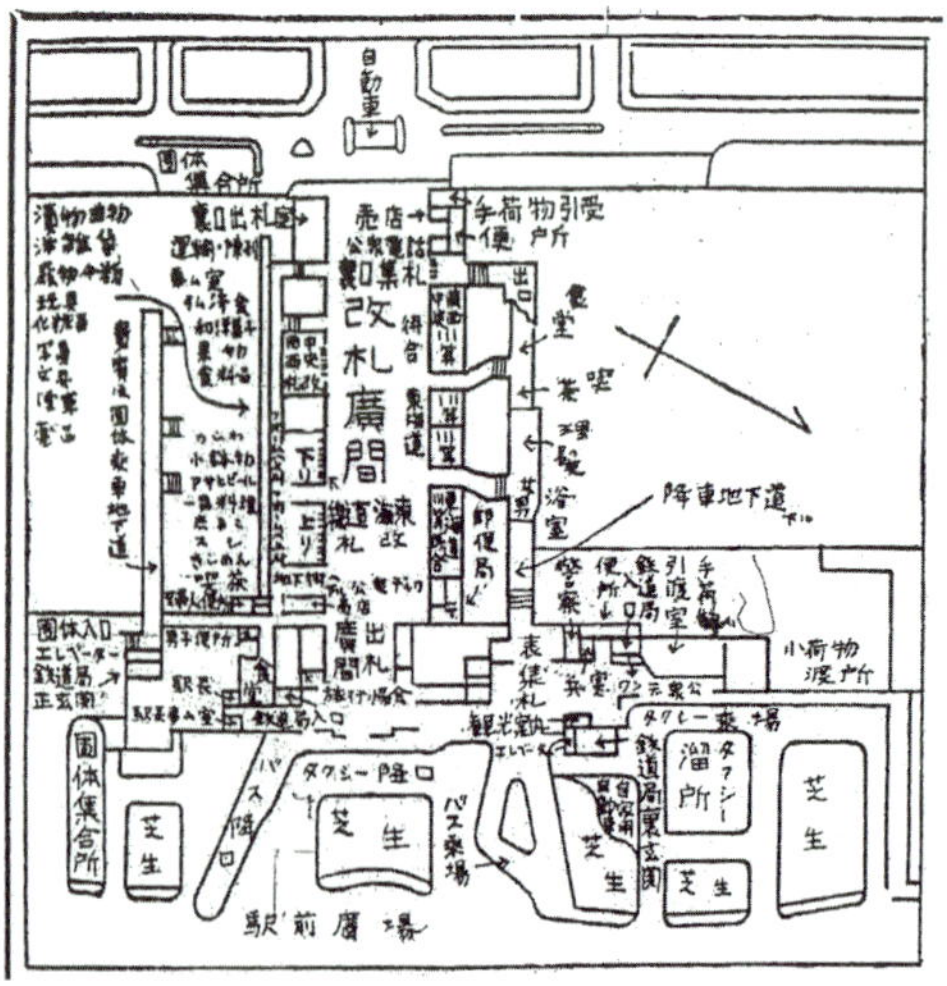

「新愛知」（昭和12年1月16日）に掲載された新名古屋駅の平面図。駅構内を東西に貫通する中央コンコースはこの時以来のもの。当時はこの自由通路を「改札広間」と称した。

構造と地上面の通り抜け通路はそのままの形で生かされている。階段を上り下りする地下通路でも橋上駅でもないところがミソである。

大正年間に計画された当初、二面四線だった旅客用のプラットホームも、現在では在来線は六面十二線にまで増え、それに新幹線も加わって計八面十六線と四倍に広がった。地下にはまず、名鉄、近鉄が乗り入れ、その後、桜通口地下に市営地下鉄東山線が、中央コンコースの地下深くを、地下鉄桜通線が東西に走っている。桜通線の地下鉄工事に先立っては、基礎部分に補強工事が施されたが、大正時代の設計思想はゆらぐことなく、そのまま二十一世紀の今でも生き続けているのである。遙か将来を見据えた大正期の先見性にはただただ脱帽するばかり。それにしても、上京するたびに思う。東京駅で丸の内口と八重洲口との間を、入場料なしで通り抜けようとするとき、利用できる通路のなんと狭く暗いことか。

電気鉄道へのまなざし

出発進行！　されど、前途は多難

広小路通りの整備から十年以上たった明治三十一（一八九八）年五月六日、京都に次いで日本で二番目となる電車が、名古屋市内の目抜き通りを走り出した。今ならさしずめ路面電車と呼ぶものである。この電車は、後に名古屋市が経営することになる市電の前身にあたるが、当初は純然たる民間企業の経営する電車であり、市電でもなければ路面電車という呼び名もまだ定着していなかった。では何と呼ばれていたのか。開業当時の新聞をひもとけば、それは「電気鉄道」であった。

先進地である京都からのアドバイスもあって、当初の馬車鉄道から電気鉄道へと動力を変更し、なおかつ資金面でも京都財界の全面的な支援を受けて、ようやく開業にこぎつけたものである。会社の名前は名古屋電気鉄道。その後の系譜をわかりやすくたどるならば、現在の名古屋市交通局と名古屋鉄道株式会社との共通のご先祖様にあたる会社である。同日発行の新聞「新愛知」第二面には名古屋電気鉄道の開業広告が掲載され、開通式の予告記事も次のように記される。

●電気鉄道の開通式　開通となるは今日か明日かと言合《いいあえ》りし、当市の電気鉄道株式会社の電気鉄道も、今回逓信省より認可ありたるを以て、愈《いよい》よ今六日午前八時より、開通式を行ふ由

開通式の後、午前九時より電車の営業運転は始まった。何といっても名古屋初の電気鉄道であるから、当然野次馬連中が群がる。翌七日発行の「扶桑新聞」第二面は「物珍らしき事とて観覧人軌道《れーる》の両側に集り、非常に雑踏せり」と、見物人が殺到したことを伝える。また、開業二日後の八日付「新愛知」第二面には、初日の様子がもう少し詳しく伝えられている。

●電気鉄道開通の摸様　名古屋電気鉄道会社の笹島《ささしま》、県庁間の線路は、予記の如く、昨日より開通、電車を運転せしめたるが、初日のこととて、各電車には小国旗を交叉して一層景気を添へぬ、又電車の開通は当地初めてのことなれば、物珍らしさに乗客又は見物人非常に夥多《おびただ》しかりしも、其筋にて沿線各所に警官を派して、注意怠たりなかりしにぞ、幸ひに怪我人もなく、午後六時限り運転を休止したり、右に付、昨日広小路通りの賑合ひは一方《ひとかた》ならざりき

電車に小国旗を飾り付けて祝ったり、沿線に警官を配置して警備するなど、開通初日の緊張と興奮、そして喧噪が伝わってくるようである。が、しかし、名古屋市中の道路に「電気鉄道」が登場したことは、単に物珍しさだけで済むはずはない。開業当初は日中のみの営業であったが、要望もあり、ほどなく夜間も電車を運行するようになった。

当時、交通機関として利用されていたのは、人は歩くか人力車、荷物を運ぶには荷馬車を使うかもしくは大八車、さもなくば新しい文明の利器として自転車が用いられ始めた程度であった。自動車やバイクはまだ登場しない時代である。人力か馬力しか存在しない市中の道路に、忽然と巨大な電車が現れたのである。当然、電気鉄道に呼応する交通ルールを市民一人一人が身につけなければならない。当

17　（名古屋名所）広小路通り　通りの北側（左）には日本生命や日銀名古屋支店の煉瓦造り、南側（右）にはいとう呉服店などの洋風建築が建ち並び、遠方には日清戦争の記念碑がそびえる。道路を走る電気鉄道とともに、まさに明治日本の「殖産興業」と「富国強兵」を実現した景観であった。

初の開通区間は広小路通りの笹島（停車場前）から久屋町（県庁前）まで、総延長二・二キロメートルの区間であった。この区間で守るべき交通ルールがその筋よりさっそく示された。以下は五月八日付「扶桑新聞」第五面記載の記事である。

◎電鉄開業と一般の注意　名古屋栄《さかえ》町通り、電気鉄道開業に就《つい》ては、市人《しじん》一般に危険の恐れを抱きつ、ある事なるが、右に就き、其筋に於ては、危険を避くるに必要なる左の條項を定めて、以て各自の注意を促がせり

（一）徒歩者は道路を横ぎる場合の外、決して車馬道内を歩行せざる事（車馬道と人道とは並樹《なみき》を界《さかい》とす）

（二）車馬道、殊に鉄軌《れいる》内に小児老人又は子供を立入らしむるは、最《もっと》も危険に付、其保護者に於て、深く注意を加へ立入らしめざる事

（三）鉄軌《れいる》の上に石、其他の物品を置くは、多数の乗客に危害を与ふるものに付、固く此悪戯《あくぎ》を禁ずる事

（四）昼間電車の行動する時は、電車の前面に左の目標《めじるし》を掲ぐ

昼　西行（停車場《すていしょん》行）赤色《あか》札

　　東行（県 庁《けんちょうまえ》行）緑色《あお》札

（五）夜間電車の進行する時は、電車前面に左の標灯并《ならび》に

反射灯を掲ぐ
夜　西行　赤色灯
　　東行　緑色灯
(六) 信号の方法は左の如し
昼｛緑色旗は進行　白色旗は発車　赤色旗は停止｝　夜｛緑色灯は進行　白色灯は発車　赤色灯は停止｝

現在、「車道・歩道」と称すところを「車馬道・人道」と呼ぶ点に、本来は人馬分離を図ろうとしていた意図がうかがえ、また、鉄軌に「れいる」、停車場に「すていしょん」と、外来語を訳さないでそのまま読みに宛てているところに時代差を感じる。少なくとも電気鉄道の登場によって人と車の分離を図ること、レール内に老人や子どもを立ち入らせないこと、進行方向によって赤色と緑色を使い分けること、さらに緑（あお）は進め、赤は止まれ、を信号ルールとすることなどとともに、レールへの置石といったいたずらを厳禁する旨を明示しているのである。

緑と赤の使い方などは、現在まで連綿と続く交通ルールの端緒とも言えそうであるが、こうした交通規則は、名古屋の住民にとっては初物ずくめであり、慣れるまでには時間を要したのではないかと推測される。また、案の定というか、開業初日にして、さっそく十六歳の少年がレールに小石を載せるいたずらで捕まった。この件を八日付「扶桑新聞」は「軌道《れいる》の上に小石を載せたる悪少年……非常に厳諭を受けたり」と記す。今なら不良少年による面白半分のいたずらといったところであろうか。しかし危険な行為であることは今も昔も変わりない。

名古屋にお目見えした電気鉄道。開業当初の運賃は停留所一区間ごとに一銭、笹島停車場前から柳橋、御園《みその》、七間町《しちけんちょう》、終点久屋町《ひさやちょう》と全区間乗車すれば四銭であった。ただし、子どもの扱いははっきりしない。開業当初の売り上げと乗客数はどの程度だったのか。五月十七日付「新愛知」第二面にその数字が報告されている。

●電鉄週報　名古屋電気鉄道の去る六日開業以来、十二日に至る一週間の収入金及び乗客人員を聞くに、左の如し

日数	収入金	乗客
七日	八百七十三圓七十九銭	四万六千七十一人
一日平均	百廿四圓八十二銭八厘	六千五百八十一人

平均すれば一日あたり片道三千三百人弱、一人当たり二区間ほどの乗車だったことになる。当初の車両はオープンデッキで側窓が七つ、定員は立ち席を含めて二五、六人程度という小さなものであった。まあ順調なすべり出しと言ってよいのだろう。が、新たな文明の利器も、思わぬ所でやっかいな問題を引き起こす。まず始めに、広小路本町の交差点で難題がもちあがった。

名古屋では、近世以来毎年旧暦四月十六、七日に東照宮祭が執りおこなわれており、本町通りを北の名古屋東照宮から南の若宮八幡社まで、からくり山車九輛や各町内の警《けい》固《ご》とよばれる仮装行列が豪壮に練り歩き、名古屋最大の祭礼となっていた。

文明開化の波の中、電灯や電信の普及にともなって、まちのあちこちに電柱が立ち、電線が網の目のように張り巡らされていった。当然、祭りに巡行するからくり山車は、このやっかいな電線に神経を使う羽目になる。引っかけても引っかけられても具合は悪いのである。このため、電線をよける役の者が、一人山車の上で、撞木《しゅもく》付きの竹竿（先をT字型に工夫した道具）を握りしめ、ひたすら電線と格闘することになった。これは今も変わらない。

それに加えて、今度は電気鉄道である。本町通りを南北方向に巡行する山車は、前年までは存在しなかった、この広小路通りを東西に走る電車の架線をくぐらねばならない。しかし、電気が流れているこの架線は、感電する恐れもあるのだから、危険この上ないしろものである。名古屋開府以来、初めてぶつかる難題であった。で、どうしたか。その顛末は、祭りに十日ほど先立つ五月二十四日付「新愛知」第三面に報じられている。

●東照宮の大祭典　俗に名古屋祭は、例年の如く、来る六月四、五の両日（旧四月十六、七日）を以て執行の筈なるが、本年よりは今回合祀となりたる、故従一位徳川慶勝卿霊神の神輿、初めて渡御の都合に付、行列も一層盛んに挙行さるる由にて、大祭典当日、即ち五日に限り、広小路本町角の電車鉄道線を切断して、各町の山車《だし》を通過せしむると云ふ（以下略）

本祭の五日当日のみ、電車架線を切断して山車を通すという決断を下している。幕末の尾張藩主、第十四代徳川慶勝を大義名分に持ち出して、開業して一月もたたない電車の架線を切断するのは、尾張徳川家の御威光、未だ衰えずの時代であったからであろうか。開業初年は電気鉄道が一歩譲る結果となったが、これがいつまでも続くはずもなかった。五年後の明治三十六年の東照宮祭では、「時代が変わった」と誰もが感じる出来事が起こった。明治三十六年五月十五日付「新愛知」第五面の記事から。

●一昨日の東照宮祭（神輿渡御は本日）　一昨日は既記の如く、当市東照宮祭の例祭にて、市内は朝来の曇天にも拘はらず、却々《なかなか》の賑ひなりしが、午後二時頃に至り、遂に雨降出し、ために山車は僅かに二三輛若宮神社に至りしのみにて、神輿の渡御は見合せとなり、本日晴天ならば、午後一時に執行する由、又同日の山車の内にて、午後二時二十分頃、長者町の二福神車は本町広小路の角まで来りしに、其屋根の高きため、電鉄の鉄線に引掛りて、アハヤ屋根のみが北方に顛落《てんらく》せんとせしも、人々の尽力に依り、辛くも顛落は免がれしも、障子やうの雨覆ひ及び人形は顛落し、爲めに乗車せし東桜町浅野末吉長男幸次（九つ）は、右脚を折らるゝ重傷を負ひ、一時は非常の騒ぎなりし、夫れを認め、其後につゞきし三輛の山車は、前車の覆轍《ふくてつ》に鑑みて、空しく引返したるは利巧なりき

藩政時代以来の由緒ある祭りの前には、もうすでに文明の利器「電気鉄道」がどっかりと壁のように立ちはだかっていた。人々はこの厳然たる事実を思い知らされたのである。後年、さらに電車の路線が延びていくと、山車の巡行はますます困難となっていった。大正年間に入ると、東照宮祭も山車九輛のうち三輛のみが持ち回りで巡行されるだけになって、次第に祭りがさびれていった。

往時の勢いを失う伝統行事と、着実にレールを延ばしてゆく近代文明の利器、電気鉄道。この鮮やかなまでの対比は、近代名古屋の歩みを象徴する出来事と言えよう。が、電気鉄道も順風満帆だったわけではない。開業初年の明治三十一年、東照宮祭の直前にひやりとする事件があった。以下は同年六月三日付「新愛知」第五面の記事で、逆算すれば六月一日の出来事である。

●電車中に大声　是は一昨日午後三時ごろの事なりしが、当市栄町《まち》三丁目を西の方より、材木多く積載《つみの》せし荷車を挽来ると電車とが、咄嗟《あわや》衝突せんとしたるより、乗客は勿論《もちろん》車掌までも、アッと一時に大声を発せしから、其近傍の者は如何《いか》なる椿事《ちんじ》の出来《しゅったい》したるかと驚き

噪立《さわぎた》て、外方《おもて》へ駈出し見るもあると云ふ大騒動なりしが、幸ひ無事に、電車は西の方へとカンランカンラン

この後、自転車や荷車との接触・衝突事故は絶えず、むしろ路線が広がって運行が頻繁になればなるほど、事故の増加は避けられなかった。明治四十三年の共進会開催時には、広小路通りでの運行間隔は公称一分十秒にまで縮まっており、上りと下りの複線での運行を考えるならば、これはもうひっきりなしといってよい。道路を横切ることだけでも命がけである。現実に、道を横切ろうとした荷車が電車に激突大破、車夫は電車前方に取り付けてある救助網に掬《すく》われて、危うく命拾いをしたという記事（明治四十三年三月六日「新愛知」第五面）もある。

——広小路歩けば電車が通る、チンチン御園か柳橋かステンショカ——

こうした俗歌が大流行したと『総合名古屋市年表明治編』は記す。電気鉄道がチンチン電車として、市民生活にとけ込んでいった証しと言えようか。ステンショはステーション＝停車場である。鉄道に乗降する所を「すてん所（処）」と明治の人たちなりに理解したのであろう。

長い歴史の最初の一歩。名古屋の電気鉄道は、豊富な話題をふりまきつつも、前途はまことに多事多難であった。

電気鉄道の走り行く風景

日本で絵葉書が郵便物として認められたのは明治三十三（一九〇〇）年のことであり、実際に広く普及し始めるのは日露戦争時の記念絵葉書ブームの後、明治三十年代も終わり頃になってからのことのようである。

地方都市名古屋の風物を題材とした絵葉書の中でも、市中の新しい風景として盛んに取り上げられたのが、停車場の様子や次第に洋風建築の立ち並んでゆく広小路通り、そしてこの目抜き通りを、西へ東へと電車が走り行く風景であった。中でも電車が登場するお決まりの定番スポットとして、明治末から大正初年代の絵葉書に必ずといってよいほど取り上げられたのが、記念碑前を電車が走る景色であった。

この記念碑、明治・大正期の記事では「紀念碑」の表記が一般的であったようだが、正確には「日清戦役第一軍戦

18　（名古屋名所）征清紀念碑　正確には日清戦役第一軍戦死者紀念碑。竣工当時は広小路通りの武平町交差点中央に立っていたが、大正９（1920）年末に東郊の覚王山に移転した（現存）。

死者紀念碑」と称す。一般には「征清紀念碑」とか、ただ単に「名古屋紀念碑」との表題をつける絵葉書もあるくらいで、広小路通りにそびえる名古屋の一大モニュメントであった。

本来はその名のとおり、明治二十七〜八年の日清戦争に、名古屋の陸軍第三師団から出征して戦傷死した七百二十六名の将兵を悼んで建立された慰霊碑である。設置場所は現在の中区役所の北東角、広小路通り武平町交差点にあたる。計画当初はここが広小路通りの東端だったために、適地と判断されたらしい。準備に長く時間がかかり、戦後五年もたった明治三十三年七月十五日付「新愛知」第二面に、ようやく「八月より建設工事着手」との記事が塔の図面入りで報道された。この記念碑が竣工して後、その式典を挙行したのは三年後の明治三十六年五月五日のことであった。

ところが、記念碑のできあがる前に、官設鉄道中央線（現在のJR中央線）の敷設と千種停車場の開設にあわせて、広小路通りを東へ延伸する計画が具体化し、記念碑着工の翌三十四年十二月十四日には千種まで道路が竣工。さらに電気鉄道も明治三十六年一月三十一日に千種（西裏）まで延長開業した。このために、記念碑ができあがったときには、道路中央に取り残される結果となってしまった。

電車はこの記念碑をよけるために、軌道が南側に急カーブして半周回りこむ。このためキーキーと軌道と車輪がきしみ、その当時ちょうど記念碑の北側に位置していた県会議事堂の面前で、やっかいな騒音問題がもちあがったようである。名古屋名所の一景として、盛んに絵葉書に取り上げられている記念碑前の電気鉄道は、まさに悲鳴のような騒音をあげながら急カーブを回り込む電車を撮影したものにほかならない。

その砲弾型の形状は、戦死者を悼むモニュメントでありながらも、明治新政府のスローガン「富国強兵」をそのまま体現したものであった。そして、文明の利器、電気鉄道との取り合わせや、広小路通りの両側に立ち並ぶ洋風建築のはるか東方にすっくとそびえる記念碑は、「殖産興業」とともに、もう一つのスローガンである「富国強兵」をあわせて具現化した景観であった。だからこそ、明治ニッポンの近代化を象徴する「名古屋名所」のもっとも絵になる風景として、この記念碑・電気鉄道・広小路通りの洋風建築は三身一体で融合し、絵葉書となったのである。

荷馬車を横目に、記念碑前を行き交う電気鉄道を詳細に観察すると、電車側面の窓は数えて八つ。この八窓の車輛は増え続ける乗客に対応するために、明治四十年以降新造されたものである。車輛全長を若干長くして、開業当初より乗車人員を若干増加できるようにし、定員を三十四名とした車輛であった。

絵葉書に登場するのは、この八窓車輛の方がはるかに多い。これは、初代の七窓車輛は定員が少ないため、年ごとに増大する乗客に対応できなかったことが大きい。しかしそれとともに、大正年間に入って運賃問題で市民の恨みを買う状況になったことも大きな要因である。区間制をとるために、路線延伸に比例して運賃が高くなり、大正三（一九一四）年には全区間通計四十五区、最長区間の運賃は二十銭を超すに至った。このため同年九月にはついに電車焼き討ち事件まで起きてしまったのである。

事件で車輛を破損した事情もあり、初代の七窓車輛は翌大正四年をもって営業運転を取りやめ、名古屋の市中から姿を消していった。大正十一年八月一日、市内線の経営が名古屋市に移管されて文字通り「市電」が誕生した折にも、初代の七窓車輛はすでにその四年前、大正七年に札幌に開業する電鉄会社へ譲渡されてしまっていた。こうした事情

19　創業当時の電車　吉田初三郎原画　昭和 12 年（1937）、電車市営 15 周年に名古屋市電気局が発行した記念絵葉書。名古屋電気鉄道から名古屋市へ譲渡されたもっとも古い電車で 8 窓 34 人乗り。7 窓の初代電車は市営移管前にすでに廃車となっていた。

20　（名古屋名所）県庁附近小公園　広小路通り武平町交差点中央に立っていた記念碑は大正 9（1920）年 12 月 5 日、撤去され、覚王山に移転した。跡地は小公園となり、道路と電車軌道は直線化された。明治から昭和初期にかけては、この武平町交差点附近が官庁街となっており、道路北側には県庁と県会議事堂、南側（右下隅）には市役所があった。

で、名古屋市に引き継がれなかったがために、最も古い初代の車輌は名古屋に残ることはなく、現在は、札幌へと海を渡ったうちのわずか一輛だけが、改造後の姿で札幌市内に保存されているのみ、とのことである。

市営移管から十五年後、昭和十二（一九三七）年に名古屋市電気局（交通局の前身で、当初市電の経営にあたった）が発行した記念絵葉書に「創業当時ノ電車」として、吉田初三郎が描く車輌も、この八窓の電車である。厳密に言えば、創業当時の語句は正しくないのであるが、名古屋市へ移管された最も古い車輌がこれだったのであるから、いたしかたないであろう。吉田初三郎は大正から昭和にかけて、鳥瞰図や絵葉書の原画制作に活躍した画家である。彼の描く古き時代の電車は、月夜の名古屋城を背景に内照灯をともし、いかにも郷愁にあふれて、懐かしさのロマンがただよう。いやいや、時代を少し下りすぎたようだ。時計の針を元に戻そう。

日清、日露、第一次世界大戦の青島《チンタオ》戦と、日本人は外征戦争のたびごとに、「勝った勝った」と戦勝気分に浮かれていたようである。将兵の帰国もすなわち「凱旋」といわれていた時代であった。高揚感にあふれるそうした時代の風潮にあっては、一見して勇壮な砲弾型記念碑も当然のごとく受け入れられたのであろうが、よくよく冷静に考えれば、交通の障害物でしかない。急カーブを行く電車の騒音も悩ましい問題である。結局これを解決するためにとられた処置は、記念碑の撤去、移転であった。

大正九年十二月、記念碑は名古屋の東郊、覚王山放《ほう》生《じょう》ヶ池のほとりに移転された。広小路通りの道路と電車軌道は直線となり、周囲の跡地は小公園として整備された。電車は何事もなかったかのように、音も立てずにまっすぐ走り行く。記念碑なき後の景観は、まことに静かである。いきさつを知らなければ、何の変哲もない、近代的な合理性にもとづく景観が広がるのみである。

名古屋市内を電気鉄道が走る景観は、これ以後も次々と増えていった。それは大量輸送機関による交通需要の増大と、都市そのもののビッグバンとの相乗作用であった。広い道路をまっすぐに、そしてそこへ便利な交通機関を…。「都市計画」という、まさに近代合理主義の台頭である。記念碑のようなモニュメントで勇壮さを鼓舞する時代は、過ぎ去った。とは言っても、それは勇壮さがほんの一時、鳴りをひそめただけのことであったのだが…。

華やぐ広小路通り

奇妙な洋風建築

　名古屋市街の近代化は、これまで述べてきた明治十九（一八八六）年三月、笹島への名古屋停車場開設と、それに続く翌二十年の笹島街道の整備、すなわち、笹島から東に延びる広小路通りを機軸として始まった。こうした動きが、市区改正事業（これが後に都市計画事業に引き継がれてゆく）による道路の拡幅整備と路面電車の延長によって、徐々に広がっていったのである。まずは、広小路通り沿線地域の動きを拾ってみよう。

　笹島から広小路通りをしばらく東へ進むと、市内の水運を支える堀川が南北に流れている。ここに架かる納屋橋を越えて一丁東を南北に走るのが竪三蔵《たてみつくら》通りである。この交差点を少し北へ入ったところに明治二十八（一八九五）年五月、一軒の洋式旅館が開業した。その名は名古屋ホテル。木造洋館建てで、名古屋における洋式建物の嚆矢である。後年の新聞広告では「市内唯一、三層楼ノ大厦ニシテ、眺望絶佳、空気快通、夏時特ニ清涼ナリ」「取扱ハ誠意懇篤ヲ旨トシ、西洋料理ハ御好ミニ応ジ、精選調進可仕候」と名古屋唯一の洋式旅館であることを自負していた。明治三十年代ないしは四十年代に発行された同ホテルの絵葉書を見る限り、バルコニーを設けた点では、コロニアル様式を取り入れた洋風建築ともいえようが、空にそびえる葱坊主のような尖塔はモスク＝イスラム教の寺院を連想させる。

　——当時の名古屋ツ児はオソギャイ建物として奇異の眼を見張り、異人館とも称した

という『総合名古屋市年表明治編』の記述も、見慣れぬ異様な建物に対する名古屋人の反応を表していて説得力を持つ。夜間ネオンを煌々とまたたかせたら、今ならさしずめファッションホテルとでも間違えそうな外観である。

　これ以前にも、名古屋の有力商人が洋館建築を手がけるとのうわさを載せる新聞もある。比較的古いところで、明治十九年四月七日付「扶桑新報」第二面の記事。

○西洋館新築の計画　当区（＝名古屋区）七間町の陶器商

21　名古屋ホテル（東南方向から望む）　おそらく外国人向けと思われる絵葉書。建物３階部分にバルコニーを設ける。屋根頭頂の尖塔はそれまで名古屋にはなかった様式で、名古屋の人々は相当奇異に感じたようである。この尖塔は大正年間にはいって撤去された。

22　（名古屋）栄町通郵便局　広小路通り南側の名古屋郵便局で、街路樹の柳が繁茂している。電車が走っているが、それと同時に人力車夫が多数客待ちしている。現在、郵便局跡地には名古屋の通信発祥地を示す石碑が歩道に埋め込まれている。

松村九助氏の竈場は本区七回り町三丁目にあるが、其邸内に洋人の来らる丶節、饗応等の爲に迚《とて》、洋風煉瓦造り三階の一館を新築するの計画有るよしにて、其の庭造りの用意にや、昨今、松桜等を買入れ、植付居らる丶よし

当主松村九助は後年、硬質陶器を開発し、大量の軍用食器などの需要に応じた。近代名古屋の窯業史でも注目すべき人物である。しかしながら、当時の煉瓦造りはただ、煉瓦を積み上げるだけだったようで、その後の濃尾震災で、郵便電信局や電灯会社、紡績工場など、大規模な煉瓦建築が灰燼に帰した。震災対策を施さないままの煉瓦造りは、地震の多い日本には向かない建築技法と認識されたようで、その後しばらくは名古屋でも煉瓦建築は見られない。復活するのは三十年代後半あたりからである。

名古屋ホテル開業からほどない明治三十年五月十七日、今度は広小路通りから一本南側の通りに、御園座が開業した。ここは歌舞伎等、日本の伝統的な芝居の興行小屋でありながら、なぜか外観はルネサンス風の洋式建物であった。ルネサンス様式と歌舞伎の芝居小屋……この奇妙な取り合わせは何なのだろうか。奇をてらった物珍しさなのか、それとも欧米のオペラ劇場を模そうとしたのか。そのあたりの事情は、開業間近の五月十四日「扶桑新聞」第四面の記事に出ている。

●御園座の菓弁鮓《かべす》主義

東京人種の中等以下が口癖に遊興《あそび》は（新吉原の是も中等以下の青楼へ登る事を云ふ）一枚一本に（一枚とは酒の下物なる台の物の小一枚と、一本とは二合入の酒一壜《つぼ》の事を云ふ）観劇《しばい》は菓弁鮓（菓子、弁当、鮓《すし》の三種を云ふ）に限りやすと通の通たる者あるより、此回《こたび》当市南園町に新築の新劇場御園座に於ても劇場株式会社の専務取締、同座評議員、庶務係等が種々協議《そうだん》の上、東京の各劇場にならひ、従来《これまで》の習慣を洗除し、都《すべ》てを改良の上、右の菓弁鮓主義を用ふる事となり、来る十七日午前八時三十分開場の初日より、木戸場代の外は確かに正に実に寔《まこと》行ふ事と定めたりと云ふ、尚ほ此回《こたび》の左団次一座を上場《じょうば》にて観んと欲する観客《けんぶつ》は、一人前金壹円五拾貳銭五厘（前茶屋への茶代を仮に拾銭と定め）を懐中にせずば観られませんぞや（但し酒、番附、筋書本、酒の肴は此限りにあらず）宜しいか、合点かと、念の爲めに中等以上の好劇家《しばいずき》へ一寸《ちょっと》

23　名古屋第一劇場御園座　ルネサンス様式の建物に芝居小屋であることを示す絵看板がかかる。明治 30（1897）年 5 月 17 日開場し、昭和 9（1934）年の改築まで用いられた。建物入口にはしめ飾りを吊り下げる。役者絵看板とともに、和洋混用のきわみとも言える。

開場前後、連日に渡って御園座が新聞に出した広告には、「木戸御一人金十三銭」に始まって、桟敷ごとの値段、敷物代、先の菓弁鮓が「一人前金三十銭」と定価を明示している。開場後の新聞評でも「構造も頗る美麗、何となく東京の歌舞伎、明治両座に在って観る如き心持《ここち》したり」と設備の豪華な点を記す。芸どころ名古屋で、第一級の劇場として華々しいデビューを果たしたわけである。ところが華々しさが災いしてか、大問題が発生。落成式に市会議員全員！　が招待への返礼との名目をつけ、揃って出席することを申し合わせたことに対して、新聞がかみついたのである。五月二十二日付「扶桑新聞」第二面から。

●市会議員総見物の決定

普通の観劇者と雖ども、前茶屋の茶代男衆の纏頭、之に一盞の酒代をも加へんには、一人前二円五十銭は無論其費用として掛るべし、左るを名古屋市の紳士紳商として、市会議員たる者が芸娼妓芸人等の見連と均しく、二円ブチ切の総見物をなすに至りては、返礼所ろにあらずして、寧ろ剰余《つり》を取る行為と謂ふべし、兎に角、明日鼻隆々《たかだか》と、銭底々《ひくひく》と、総見物する誤人体が見物《みもの》なれ翌日の新聞には「名を取るより徳を取れ、新聞屋がなんと云たって二円輔《すけ》で二度の観劇《しばいみ》…其上御馳走とはソラ茲が名古屋市怪偽員の本性サ」と、芸者を引き連れて総見物に出かける議員御一行様のポンチ絵がでかでかと載る。もちろん、今ではこんなことはないだろうが、そうは言っても「○怪偽員」を見極める眼力は持つべきだろう。話がそれてしまった。元に戻そう。

少なくとも、このような洋式建物、いやいや、建築史において厳密に定義すると、似て非なるものという意味において、擬洋風建築物と言わなければならないらしいが、こうした洋風建築が、名古屋の目抜き通りとなった広小路通りに次々と林立していった。さて、こうした名古屋の洋風建築を、西洋人はどう見ていたのだろうか。明治三十六年四月の「新愛知」連載記事におもしろい文章が載っている。以下は同月十二日第一面記載の一部である。

●西眼に映じたる名古屋（五）　蘇国　チエムバレーン原作　志賀矧川直訳

（十）洋風建築物　多くの他の諸大都邑の如く、ナゴヤには今日の日本に「西洋風」として知られたる、其実西洋風ならざる新らしき無趣味の建築物多し、県庁、郵便電信局、病院、師範学校、裁判所の如き是れにして、ナゴヤ・ホテルの大なる胡椒色の屋頂は一際高く、他の建物の上に聳出《しょうしゅつ》す。

このチェンバレンなる人物の名古屋案内記の冒頭には、「旅店はナゴヤ・ホテル、シナチユーあり、二店共に停車場に近く、西洋風なり……劇場　ミソノ・ザ、スエヒロ・ザ……夜に入れば劇場を快よく巡覧するも可なり」と記し、ホテルも劇場も遠来の異邦人には必須の都市要件であった。しかしながら、「其実西洋風ならざる無趣味」とはなかなか手厳しい。見よう見まねで日本人が造った洋館は、ガイジンさんには無国籍建築と映ったのであって、奇異に感じたようである。絵葉書ではわからなかった葱坊主の色は胡椒色（芥子色のことか）であった。もしかしたら陽の光を浴びて燦然と金色に輝いていたのかも知れない。やはり、パゴダかモスクか、目立つことだけは確かであった。

デパートなるものの出現

広小路通りの洋風建築で、最も代表的な例が碁盤割の東南端、広小路通りと大津町通りの交わる栄町交差点角に建てられた日本銀行名古屋支店と、その斜め向かい側に建つ、いとう呉服店（松坂屋の前身）であった。

煉瓦造りの重厚な日銀名古屋支店が栄町交差点東北角に竣工したのは明治三十九（一九〇六）年、そのちょうど対角線上の西南角（今の丸栄スカイルの位置）に、いとう呉服店が開業したのは明治四十三年三月五日のことである。いとう呉服店の新店舗は木造三階建てながら、屋上に天蓋（ドーム）を有するいわゆるルネサンス様式を模した建物であった。日銀前からの撮影による「全市撮影場タル新築伊藤デパートメントストーア」絵葉書（九ページ参照）と水彩画スケッチを原画にしたと思われる「第一回児童用品陳列会々場いとう呉服店」絵葉書は広小路通りと大津町通り二方向の街路に面した外観をうまくとらえて資料性も高い。

詳細は後で記すが、最も大きな特徴として、いとう呉服店では従来の座売りを廃して百貨店方式の部門別対面販売を採用し、三階には演芸場を設けてさまざまな催しを無料で開催した。こうした点でもひやかし半分の買物のみならず、娯楽の場としても大いに市民に好評を博した。明治四十一年には大津町通りのうち、広小路通り以南の拡幅が完成して、栄町と南方の熱田を結ぶ路面電車の路線も開通しており、ここが東西南北の結節点、名古屋のおへそとなっていったのである。

このような経過によって、明治末から昭和にかけて発行された名古屋の名所絵葉書には必ずといってよいほど、広小路通りあるいはその東半分の栄町（本町通りの一丁西側の長者町通り交差点から久屋町通り交差点までの七丁の町名、ちなみに長者町通りから堀川に至る西半分の七丁は新柳町といった。これは街路樹として柳を植栽したことに由来する）通りが取り上げられている。「（名古屋名所）栄町通り」「名古屋栄町通」「（名古屋名所）広小路通り」「名古屋栄町通日本銀行前之光景」など、お決まりの名称で、いずれも広小路通りを東方に望む景観を収めており、通りの遠景には砲弾型のモニュメントがそびえ立つのである。

日銀名古屋支店はあくまでも庶民は外から眺めるだけで

24　いとう呉服店之内三階楼上　児童用品陳列会余興演芸場　3階に設けた演舞室（演芸場）では手品など、さまざまな催し物を無料で開催した。会場の椅子はトーネット風に背もたれを優美に曲げたもので、店内は当時最先端のデザインにあふれていた。

あって、中に入る用もなければ、そもそも立ち入りを許されない。それに対して、いとう呉服店は、名古屋屈指の商店であって、市民は興味津々である。開業に先立ち、二月二十八日から三月二日まで、実に詳細な記事が三回連続で「新愛知」第二面に掲載されている。いとう呉服店にとっても、好都合な前宣伝となった。まずは連載の趣旨から。

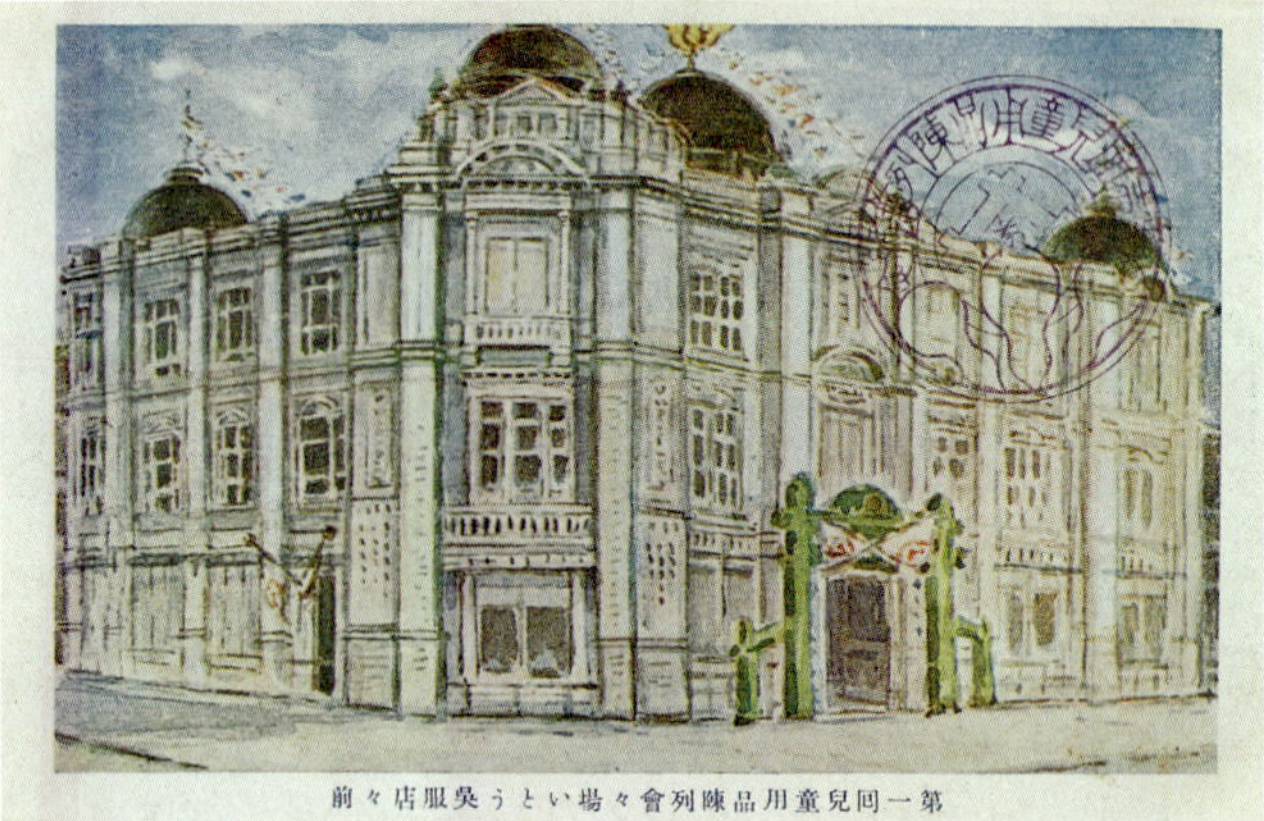

25　第一回児童用品陳列会々場いとう呉服店々前　外観をスケッチ風に描く。入口には緑色のアーチを設けているが、当時はこれを「大緑門」と称した。

●当市の模範商店（一）　伊藤呉服店デパートメントストア式営業所の新築落成

第十回関西府県連合共進会の開設と、当市開府三百年紀念祭の挙行とを紀念せんが為め、且つは当市の模範商店たらん事を期して、欧米のデパートメントストア式に倣ひ、昨年来建築に着手したる中区栄町通り大津町角の伊藤呉服店は、工事将に竣成し、当市に盛観を添ゆることゝなり、愈々来る五日を以て開業するの運びとなりたれば、同店の建築店内の設備、営業の種別、並に同店の来歴等に就て、概略を紹介すれば左の如し

この後、第一回に建築概要、第二回に店内の設備と営業品目、第三回に店の来歴と店内各階の見取り図を載せる。ここでは来歴を除く部分を収録する。適宜改行した。

△**建築一班**　名古屋電鉄広小路線と熱田線との交叉点、即ち栄町より大津町へ鍵の手に曲りし三階の欧風建築にして、円塔四階を成して高く聳《そび》え、総高さ四十九尺、其上に避雷針雲に入る、

店頭装飾の陳列窓八個、入口二個、向って正面、三角形の突角《とっかく》左右寒水石の大柱に、伊藤呉服店の金文字あり、

地坪約六坪、建坪三百十六坪余、倉庫附属舎約廿九坪余、各階総坪数千三十六坪を数ふ、

建築は木骨にして半永久的なるも、柱脚は花崗《みかげ》石、煉瓦、或は卵色煉瓦を用ひ、大通に向へる両面は備中花崗石を以て腰を廻らせり、陳列窓周囲は水戸産寒水石を飾り、窓硝子は十尺に八尺の特輸入品、三角形の突角大津町の隅切は、青銅の鉢巻及双盤を挟んで寒水石の大柱双立せり、

大津町側電鉄交叉点に向ひ、屋根硝子を張りし鉄の庇を設け、電車待合中雨露を凌ぐの便に供し、其入口内は土間叩の土間陳列所とし、陳列品を覗くの便を与へ、之に接して軽便なる売場を置けり、

階段は白寒水石を張りし正面の大階段を始め、二階に通ずるもの二、三階に通ずるもの一あり、電話室は大階段の下に設け、屋内に交換台を置き、各階の室内電話を直に市内外の電話に接続せしむる計画なり、

三階に通ずる階段は所謂直通階段にして、戸外より直に食堂、喫茶、屋上庭園、演舞室等に入《い》るを得、天井採光場は大階段の両側に設け、階下は水を湛えて池を造り、又は花草を陳列し、或は休憩所に充て、顧客の娯楽に備ふ、

便所は階下に在るを瀟洒たる純日本式とし、階上に在るを洋式とし、共に化粧室を備へ、最も構造に意を用ひたり、

中央円塔の天井は雪夜星辰の輝ける下《もと》に綾、呉二神の姿を現はせる野崎画伯（野崎華年、名古屋洋画界の草分け的存在）の油絵を張れり、点火は電灯を用ひ、地下室に瓦斯発動機を据えて発電せしめ、不時の準備として瓦斯点火機をも用意せり、

> イルミネーションは独り外部に限らず、電灯を以て室内を装飾する方法に倣ひ、建築内部にイルミネーション式装置を爲せり、是と併せて高塔のイルミネーションは定めし美観なるべし、
> 送水は高櫓に大なる水槽を載せ、瓦斯機喞筒《ぽんぷ》にて是に水を送り、更に配水管を以て建築内の要所に配り、又火の用心は驚破《すは》と云はゞ、直ちに消火栓を開いて、白水を吐かしむるの用意を爲しあり

商品はさておき、新しい建物に一歩足を踏み入れたならば、来客はあっと驚くという凝りに凝った建築意匠である。名古屋に初めて出現したデパートメントストーアなるものに、市民はとりつかれ、とりわけ三階の演舞室は無料の娯楽場として大好評であった。最上階から徐々に来客を階下へ誘う、シャワー効果の活用である。伊藤家を嗣いだ洋行帰りの若き当主、守松（後の祐民）の柔軟な思考が最大限発揮された。停電時に対する発電設備、消火栓の設置など安全面にも配慮しており、また、すでに洋式トイレまで準備している。この当時、市内にはまだ上水道が敷設されていなかったにもかかわらず、である。翌日は店内の設備と営業品目。三日目の見取り図で確認しながら、お読みいただきたい。これが一世紀前、名古屋に出現したデパートの全貌である。

> △**店内設備**　同店の設備は総て半永久的施設にして、数年の後には更に規模を増大する必要起るべしと予期せらるるも、先づ現在は左の如き設備なり
> 一、休憩室　は顧客の随意休息せらるゝやう各階に設けあるも、二階の両隅に設けたる二室は相対して和洋の粋を発揮するやう、一は最新セセツシヨン式装飾を応用せる純西洋室とし、一は総檜造り床間附の純日本室と爲せり、殊に後者は西洋建築内に在りて、日本趣味を発揮することゝて、松尾宗匠の頗る苦心せる所なり、又三階の休憩室は殊に華美を凝せる仏国式装飾を用ひ、家具調度はルイ式を採れり
> 一、食堂　は三階に置き、来客の爲に食卓を設備し、又軽便なる食品、飲料、汁粉、鮨等の用意あり、此室よりする御器所《ごきそ》東山（＝当時東山と呼んだのは現在の八事《やごと》方面をさす）の観望は頗る興あり、又隣室には壁に林間の風景を装飾せる喫煙室あり、相俟ちて室内観覧の疲労を医することを得べし
> 一、図案室　図案家数名を置き、来客の求めに応じ、参考図案を観覧に供し、又は直に調製の需《もとめ》に応ず
> 一、演舞室　舞台を三階に設け、歌舞音曲演芸、講演或

は集会等の用に供す、場内の装飾も頗る意を用ひ、野崎画伯筆濃艶なる花鳥の大油絵を以て六十四畳の天井を張り詰め、観客に快感を与ふるやうにせり、又此室の一方は陳列場に向って開き、常にはピヤノを演奏せしむる筈なり

一、屋上庭園　倉庫の屋根を利用して季節の草花を栽え、其名の如く屋上の庭園、空中の華壇として四季の楽《たのし》みを供し、夏期は装飾瓦斯を点じて納涼場とし、或は時期に依り、夜間開場を試み、又は演舞室開場の際、屋外の休憩所とする計画もあり

△**営業種別**　営業の大体は同店固有の呉服太物を中心とし、欧米の百貨商店《デパートメントストーア》に則り、日常家庭に必要なる百貨を部類に分ち、順序正しく陳列販売するに在り、

此百貨商店《デパートメントストーア》の長所は、凡百の雑貨は大抵同一の商店にて需《もと》めらるゝこと、部別の判然として陳列の順序正しく、品質の比較柄合の選択の容易なること、従って無用の手数と時間の省かるゝを、百貨商店《デパートメントストーア》は決して信用を害するが如き品を鬻《ひさ》がざること、従って顧客は安心して購求するに宜しきこと等なるが、尚ほ同店は此度事業拡張と同時に益々忠実を旨とし、一層品質を選み、価格を低廉にする由なるが、取扱品目の部門別を掲ぐれば左の如し

呉服部、綿布部、小物部、袋物部、化粧品部、履物部、洋傘洋杖部、文房具部、ショール部、玩具部、陶磁器七宝部、写真部、櫛笄金属品部、嫁入道具部、雑貨部（見切品陳列場は三階に設けあり）

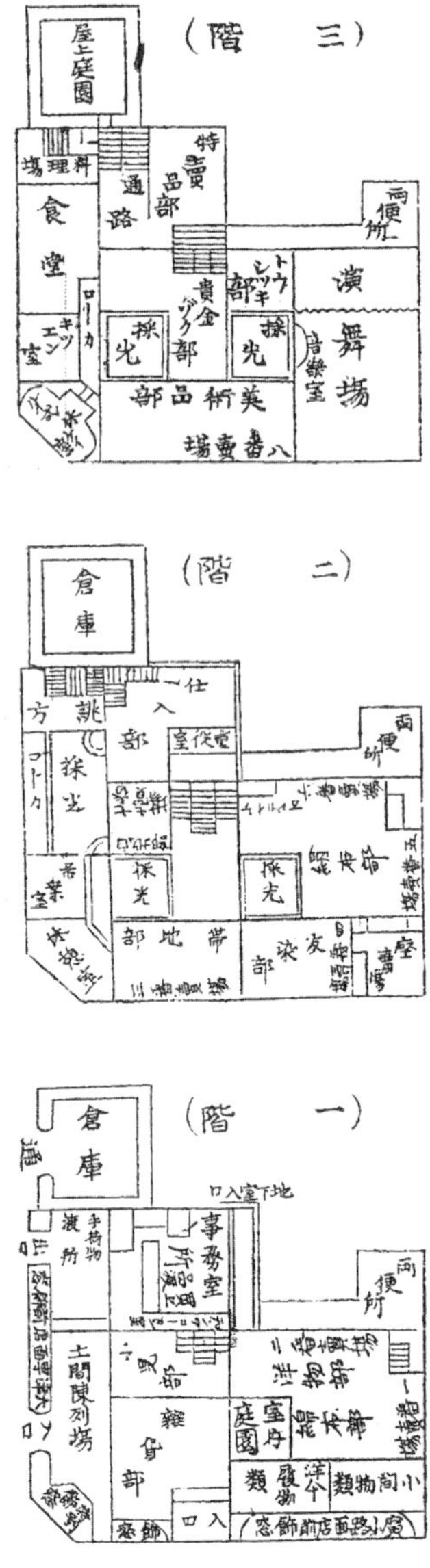

「新愛知」（明治 43 年 3 月 2 日）に掲載された、いとう呉服店の各階見取り図

至れり尽くせりの設備で、名古屋の新名所となること請け合いであった。この後、三月五日には「新愛知」第六面に《いとう呉服店開店披露大売出し》の全面広告が載り、華々しく開店したのであった。広小路通りあるいは栄町通りの名所絵葉書には、半球状の天蓋（ドーム）を軽やかにのせるルネサンス様式の建物がいやおうなく目に付くのであり、大正十四（一九二五）年以降、南大津町の現在地に新館を建てて移転、商号も松坂屋と変わった後も、戦時中まで長く栄屋の名前で営業を続けた。名古屋市民に、デパートとはかくなるもの、というスタンダード意識をもたらした点で、いとう呉服店の建物は実に大きな影響を与えたと言わなければならない。

ヌーボー納屋橋の渡り初め

停車場の設置にあわせて拡幅整備し、そこへ電気鉄道を通した広小路通りには、一カ所弱点があった。堀川に架かる納屋橋である。ここだけは十分な拡幅がままならず、加えて終日にわたって走り続ける電車が木造の橋には過重な負担となった。このボトルネックを解消するために橋の架替と拡幅がおこなわれたのは、大正に入ってからのこと。大正二（一九一三）年五月五日、端午の節句に新橋の渡橋式がおこなわれた。ただし、それはアールヌーボー様式という最もモダンなスタイルに変身した橋の上で、日本古来の伝統的な作法による渡り初めがおこなわれるという、奇妙な「和魂洋才」が出現したのである。

橋の渡り初めは、工事の完成を祝うとともに、将来にわたっての橋の無事そして通行の安全を願う儀式である。このために伝統に則って、一家族三代にわたる三夫婦が渡り初めをおこなった。その装束も独特である。五月五日当日「新愛知」第九面で、その夫婦と服装が細かく報じられているが、この納屋橋の場合は更に変わっていて、橋のたもとに居を構える二家六夫婦が渡り初めをおこなった。

●今日渡初の納屋橋　古風な渡初　名古屋市の脊髄をなして、東西に通ずる広小路通りの納屋橋が改築されて、端午の節句といふ今日、渡橋式を行ふ事になった（中略）
▲渡初《わたりぞめ》の六夫婦　渡橋式の吉例として一家族三夫婦揃っ

たのが渡初をする事となって居るが、今度の渡初には目出度《めでた》い一家が二軒もあって、然かもそれが橋の両袂にあるといふのだから、奇瑞といはねばならぬ、

其一家は納屋橋饅頭で名高い三輪伊三郎氏の一家で、当主伊三郎（四十三）妻みし（三十八）父忠八（六十六）母こみよ（七十一）長男忠三郎（二十一）妻きわ（二十）の三夫婦である、伊三郎氏は三重県長島の産《うまれ》で、同地で父と共に船乗業をして居ったのだが、明治二十九年の春に此橋の南袂に移住して饅頭屋を初めたものであるさうだ、

又一家は三和辨といふ饂飩屋《うどんや》で、当主神野《じんの》辨之助（四十九）妻きう（四十五）父理三作（七十九）母しずえ（七十）長男鉱逸（二十六）妻小ぎん（二十六）の三夫婦で、神野家は海東郡東江村駒ケ江から三十年前に移住して来たもので、此目出度き両家共に、橋の袂で家業を成功させたものである

▲三夫婦の服装　此両家が渡り初の服装に就ては、夫々意匠を凝して伊藤と桔梗屋とで六百余円づゝを費して新調したさうだ、

三輪家の方では父忠八氏が白色新郡内の下着に鼠色紅梅織に翁格子の模様ある着物を着し、其上に白色絞紗の下垂を重ね、腰に一振りを帯び、黒烏帽子を冠り、金剛草履を穿ち、又母こみよは同じ下着に紅梅織鼠色地に橋の模様付紋付を着、其上にあやめ模様ある白地絽のかつぎを重ぬるさうだ、

神野家も略《ほぼ》是れと同様で、中の二夫婦の男は上下《かみしも》を着し、女は黒紋付の着物に帯付で、若い二夫婦の男は羽織袴で、女は乙女褄模様の紋付を用ひるさうだ

鎌倉、江戸、明治と三代にわたる装束でのおごそかな儀式は、翌六日「新愛知」第七面で次のように報じられている。稀代の行事を一目見ようと、川岸の民家の屋根上にも見物人があふれている。

●納屋橋渡橋式

知事市長の祝辞＝目出度き六夫婦　式後の祝賀会＝見物の群衆数万人

名古屋市の玄関口に、一偉観を添えたる納屋橋の開通渡橋式は、予定の如く昨日を以て挙行せしが、薫風そよそよとして彩旗を翻へし、五月空の曇り勝ちなる天候も、時々日光を漏らして、開通を祝するが如き感ぜられき

記事はこの見出しと当日の天候で始まり、午前十時より

26　大正２（1913）年５月５日、渡橋式に臨む納屋橋饅頭本店の三代三夫婦と新しい納屋橋の景観

27　大正２（1913）年５月５日挙行された納屋橋渡橋式の様子。先頭は松井愛知県知事で、その後に鎌倉、江戸、明治それぞれの時代衣裳姿の二家六夫婦が続く。川岸の民家屋根上にも見物人が鈴なりである。

橋西詰の式場で開通式を挙行。松井茂愛知県知事が次のような式辞を述べた。

納屋橋架橋の工を竣《おわ》り、本日をトして渡橋の式を挙ぐ
抑《そもそも》本橋は名古屋市の中枢に位し、車馬の来往頗る頻繁を極む、然るに従来の設備未だ完からず、県民常に以て憾《かん》となす、則ち工を改めて鋼製助拱橋《じょこうきょう》となし、資を投ずること十万三千余円、今や一年有半にして工事竣成を告ぐ、実に慶賀に堪へざる所なり

このあと阪本名古屋市長、青山県会議長と祝辞が続き、神事の後、いよいよ渡り初めがおごそかに始まった。以下は先の記事に続く、渡り初めの実況である。

松井知事先導となり、昨紙所報の三輪伊三郎一家三夫婦と、神野辨之助一家三夫婦とが老夫婦は鎌倉時代、当主夫婦は徳川時代、若夫婦は明治時代の服装華やかに着飾りて之れに随ひ、橋の北側なる人道を東に向って渡り、東橋詰を北より南に折れ、南側を西に向って渡り、是にて式を終り、列席者一同広小路通りを柳橋に出で、祝賀会場に赴けり

▲橋頭人で埋まる　壮麗なる新納屋橋の渡初めを観んとせる市民は、早朝より橋の東西に集まり、電車は午前八時より御園、柳橋間の運転を中止したるが、群集は附近の道路に身動きの出来ぬまで詰掛けたれば、堀川に船を雇ひて見物する者も多く、

殊に附近の二階及び屋根上は見渡す限り人を以て満たされ、式の初まる頃には約五万以上の群集と註せられ、中には弥次馬連が入り込み、鬨《とき》の声を揚げて押すな押すなの大混雑を演じ、時には警戒線の太綱をも切断せんずる形勢なるより、

数十名の人夫をして橋の東西に木柵を設けさせたる上、新栄町署より保々署長二百名の警官を引率して出張し警戒に努めしも、尚不足なるより、九時には更らに門前、笹島両署へ依頼して、応援巡査百名を繰出し取締を爲し（以下略）

この納屋橋がどのような橋に変わったのか。その工事の概要と特長も五日当日の記事に報じられている。

●今日渡初の納屋橋　ハイカラな構造

▲最新式の構造　新らしい納屋橋は工事費十万三千四百五十円を要して、西区志摩町の栗田組が請負ひ、昨年

二月九日を以て工事に着手したもので、橋の長さが十五間、幅が十二間ある、中央には電車軌道があって、車道と人道とが区分されて居る、
七百本の松丸太を打ち込み、其上に割栗を詰め込んで、厚さ二尺のコンクリートを置いて之を基礎として、花崗石と煉瓦とを以て積み上げたものであって、雙鉸《そうこう》式助拱橋《じょこうきょう》といふ橋体であって、市内は勿論、近県にもない最新式のものである

▲夜を彩る電灯　橋には高さ四尺八分の高欄があって、中央に半円形の持出が設けてある、地覆は花崗石で、手摺は青銅である、此親柱や袖柱又は袖高欄は総べて岡崎石で彫刻したもので、高さ九尺六寸五分の親柱の上には、又高さ十尺六寸の青銅製電気灯台を設置して、是れに五個の電灯が点じられる、
又高さ五尺八寸の袖柱の上にも、七尺の青銅製瓦斯《がす》灯台を置いて、之れに五個の瓦斯灯を点じ、高欄の中央には電気灯台が親柱に接近して一個宛《づゝ》の瓦斯灯を設けてあって、総べて十六ケ所に六十四個を点火し、二千八百八十燭光を放つといふから、如何に美しく大路の夜を彩るかを知る事が出来る

優美な曲線を生かしたアールヌーボー様式の建築は、名古屋には珍しい。納屋橋はその後再び架け替えられたが、この大正二年架橋の雰囲気をなるべく壊さないように工夫された。それだけ、優れたデザインであったという証明でもあり、その設計にあたったのが、名古屋高等工業学校建築科長の鈴木禎次《ていじ》教授であった。

鈴木教授の紙上講義

建物の改築もあれば、名古屋の場合は第二次世界大戦末期の市街地絨毯爆撃によって、中心部は灰燼に帰し、現在まで残っている戦前の建築物はきわめて少ない。名古屋の絵葉書に残るかつての近代建築について、専門外の者があれこれ評しても説得力を持たないであろう。幸いなことに、名古屋には明治三十八（一九〇五）年創立という高等工業学校（現在の名古屋工業大学の前身）が設置されており、翌年には建築科教授及び同科長として鈴木禎次氏が赴任、大正十一（一九二二）年に同校を退官するまで、学内だけでなく、名古屋の近代建築に多大な功績を残した。鈴木教授の設計した建築も数多く、現在でも修復や復元を経て建築当初の景観を保っている作品もある。氏は明治の文豪、夏

目漱石のいとこにもあたる人物だが、この教授は、新聞紙上にも名古屋市内の近代建築について、専門家としての見方から簡にして要を得た解説を残している。大正四年六月十八日と翌十九日付「新愛知」のいずれも第四面記載の記事で、いわば近代建築についての名教授による紙上講義。なるほど建築はこう見るのかと、門外漢にもわかりやすい、目から鱗の名講義である。

●名古屋の新色彩（上）

■名古屋市も広小路通　を中心として近年宏壮なる洋館が続々建築せられて、市に新色彩を与えつゝあるが、之に就いて名古屋高等工業学校教授にして建築学のオーソリチーたる鈴木禎次氏の談を聞く

■名古屋で初めて　建てられた洋館は栄町通の明治生命保険会社支店であるが、大阪で初めて建てられたのも明治生命保険会社で、両者の暗合は面白い、此建物は英吉利《イギリス》式ルネツサンスの様式を採ったもので、其特徴は手法が細微《こまか》く、丸味があって変化の美に富んでゐる、其柱を見ても窓を見ても直ぐ首肯《うなづか》れる、其次に建てられたのは日本銀行支店であるが様式は同一である、唯少し後年に建てられたゞけ、多少の違ひがあって簡潔素朴の中に統一の美がある、全体此ルネサンス式其《その》ものが何処《どこ》となく真面目な手堅いもので、袴を穿いたやうな心持ちのする建築法なのだ、

■其後四五年経って　明治四十一年に商品陳列館、伊藤デパートメント、ストア及び日本生命保険会社等が建てられた、何れもルネツサンス式であるが、商品陳列館や、伊藤デパートメント、ストアは仏蘭西《フランス》趣味の加はったルネツサンス式であるし、日本生命保険会社は英吉利《イギリス》趣味の加ったルネツサンス式である、仏蘭西《フランス》趣味といふのは白色と金色を用ゐて何処となく品の好い感じを与へさせやうとするものであるが、商品陳列館は公的建物《パブリツクビルデング》であるから、成るべく威あって品の良いもの、伊藤デパートメント、ストアは商館であるから大風《おおふう》に取扱って、コセコセしないやうで而《しか》も変化に富んでゐる、例へば窓が一階二階三階と皆形が変ってゐるとか、其他華美でなくて変化ある上品な点等である、

■それに比べると　日本生命は英吉利《イギリス》的であるだけに、間口の両側に矮柱を使ひ窓飾を施されてある、名古屋電灯会社は四十五年の春の建築であるが、之も仏蘭西《フランス》加味のルネツサンス式で、商館的であるから間口の狭い割合に、シヨウウインドウを大きくし、塔を立てゝ克《よ》く人の注意を惹くやうに設計されてゐる、伊藤デパートメントと同式であるから、其特徴も似てゐる、けれども四十五年（大正元年）頃から代近主義《モダーニズム》が輸入さ

28 （名古屋名所）最も繁華なる商店街、栄町通　大正6（1917）年11月11日開業の十一屋呉服店（現在の栄町ビルの位置）を望む。左手前の鳥居は朝日神社。遠方にそびえる尖塔はいとう呉服店（右）と日銀名古屋支店（左）。いとう呉服店の建物は大正14（1925）年の移転以後、栄屋となった。

29 （名古屋）御幸本町通り　広小路通り交差点から北を望む。昭和初年代、本町通りは米国ニューヨークの五番街をモデルに街路を整備し、名古屋初の電線地中化をおこなった。

30　大名古屋美観　躍進大中京の息吹くところ広小路通の盛観　昭和 10（1935）年、三井銀行と八層閣の間に巨大な住友ビルが竣工し、広小路通りの伏見付近には近代的なビルが建ち並ぶ景観が生まれた。日中戦争が勃発する直前、自動車の通行も増えて戦前名古屋がもっとも繁栄した時期であった。

31　広小路通り　本町交差点東南側から西方、伏見方面を望む。№ 30 と同じく、昭和 10 年代の景観。

れて、建築の様式に変化を来した、其近代主義の初期にヌーボー式と云って、曲線美を特徴とする様式が起ったけれども、名古屋では其建物を見ない内に、早くも此式は廃れて仕舞った、原因は其曲線をあまりに極端に用ひ過ぎた爲めに、其弊に陥ったので、其反動としてセセツシヨン式といふのが起った、之は曲線美の反対に直線美を現はすもので、女性美はないが男性的の強い美がある、けれども全然此新しい式を採用せずに、従来のルネツサンス式に此セセツシヨン式を加味したものが、ポツポツ名古屋の市街に現れ初めた、新柳町の共同火災保険が其一例である、

この中で、商品陳列館だけは広小路通りではなく、本町通りの中でも南方の門前町（若宮八幡社と大須観音・万松寺の間の位置）に立てられた愛知県商品陳列館のことである。ルネサンス様式の建築が多かったこと。その中にイギリス風とフランス風の違いがあること、等々、今はなき建物を絵葉書で眺めてもよくわかる説明である。ヌーボー様式など、確かに建物に金属素材で曲線美を採り入れることはかなり技術的にも難しく、日本ではそう簡単に広まらなかったことは素人でもなんとなく理解できる。

鈴木教授は言及していないが、先の納屋橋は教授設計によるまさにアールヌーボー様式の建築なのであり、その優美な曲線美は、改修後の現在でもできるだけ忠実に保たれている。また、同じく鈴木教授設計の鶴舞公園噴水塔と奏楽堂も健在である。奏楽堂は昭和九（一九三四）年の室戸台風で損壊し、その後の改修工事で長く外観が変容していたが、近年元の姿に忠実に復元された。まことに優美なデザインで、百年前の絵葉書のとおりの姿を我々が目にすることができるのは幸せなことである。

教授の紙上講義はこのあと、後半部分が翌十九日第四面に続く。日本の事情を考慮して、近代建築の地震対策に始まり、事例としては、やはり保険会社、銀行などの金融機関が大部分を占める。ここでは絵葉書で実際に我々が建物の姿を目にすることのできる、後半部分のみを抜粋する。

●名古屋の新色彩（下）

■今将に竣工せんと　しつゝあるものに、新柳町の三井銀行名古屋支店と、同北浜銀行名古屋支店とがある、三井の方は近代仏蘭西趣味の入った硬いルネツサンス式で、石造建築であるが震災防備の爲め、鉄筋煉瓦造

32　栄町通り　北側のビルが手前から八層閣（＝七層閣、七層楼北銀名古屋支店ビル）、住友銀行ビル、三井銀行ビル。なお、左側の尖塔は旧名古屋電灯会社で、現在の中部電力・電気文化会館の位置にあたる。

りを併せ用ゐてある、けれども一番人目を惹くは問題となった七層楼北銀名古屋支店でなくてはならぬ、あれは私（鈴木教授）が設計したのだが、当の主人公中西君があんなことになったゝめ（＝北銀名古屋支店長中西万蔵が株取引にからむ不正および業務上横領の容疑で逮捕され、起訴公判中であった）、北銀の工事も中止したかと思ふ人もあらうが、来八月には竣工することになってゐる、

■**初め中西君が私に**　『北銀本店からは四万円位出して呉れることになってゐるが、只改築といふだけでは面白くない、オヤと人目を驚かしてやりたいが工夫はないか』と話を持込まれた、所で私は純米国式の最新オフイス、ビルデングを建てるやうに勧めた、それには十二三万かゝるから、先づ五万円を基礎として、不足の分は中西君自身出資し、三階以上を貸事務所としてそれより得る月収で之が利子に当て、六七分の収入を得る為めにはどうしても七階建にしなくてはならぬことになった、

構造は鉄骨鉄筋コンクリートで、各階防火構造を施し、エレベーターを附し、形式としては最近の米国式のものであった、中西君は一、二階を銀行で使ひ、三、四、五、六階には何々会社を入れ、七階は当分倶楽部室に当てゝ、玉突などをも備ふる胸算用までして居ったの

である。云々

鈴木教授が、新聞紙上で名古屋の近代建築をあれこれと評してほどなく、大正六年十一月十一日に、十一屋呉服店（丸栄の前身）が名古屋で二番目のデパートメントストアとして広小路通りに開業した。今の栄町ビルの位置にあたり、当初は名古屋でも珍しい、ゴシック調を模した直線的な表現で力強い雰囲気を醸し出し、垂直方向に屹立する。新店舗の建設にあたっては、手強いライバルとなるいとう呉服店の軽やかなルネッサンス様式をかなり意識し、それとは異なる意匠を求めたのであろう。また、広小路通りと市街中央で交差する本町通りは、昭和五年頃、ニューヨーク五番街をモデルに道路の拡幅と名古屋初の電線地中化をなしとげ、実にすっきりとした都会的な景観を作り出した。

この交差点より西方に位置する七層楼も、七層閣とか七層階とも呼ばれ、名古屋初の高層建築として、広小路通りの絵葉書にもたびたび登場する。ところが、外観も高さも変わらないのに、大正末期頃からどういう訳か、八層閣と呼ばれるようになり、また所有者も転々とした。三菱銀行の名古屋支店となった時期もあれば、生命保険会社のビルとなった時期もある。

この八層閣と三井銀行ビルの間には、昭和十年、住友銀行の近代的なビルが竣工した。当時としてはこれらの高層ビルが立ち並ぶ景観は、名古屋でも随一の光景となり、昭和十年代初頭の絵葉書には、このあたりの風景がさかんに登場する。市電は車体の長いボギー車となり、市バスが昭和五年営業を開始、自動車も増えていった。三棟並ぶ近代ビルに対面する南側は、ちょうど今の中部電力電気文化会館のあたりで、名古屋電灯会社以来のルネッサンス様式のビルが立つ。

絵葉書の外装紙に「大名古屋」の文字が躍り出すのもこの頃からである。しかしながら、名古屋汎太平洋平和博覧会を開催した昭和十二年、秋を迎える頃に写したと思われる絵葉書には、一見華やかな伏見附近の広小路通りの歩道に選挙の看板が立つ。そこには「銃後の奉公」なる、以後の日本で猛威をふるう文字が出現している。夏七月の日中戦争勃発からまもなく、この言葉が再びよみがえったのであり、以後日本は急速に戦時態勢に突入してゆく。昭和九年、人口が百万人を突破して名実共に大都市となった名古屋が、戦前もっとも栄えた一瞬であった。

第2章 ビジュアルメディアの機動力

33　大正6（1917）年5月13日、名古屋城を背景に北練兵場（現在の名城公園）で公開された曲芸飛行。新愛知新聞社主催で、米人飛行家が午前午後各1回複葉機でアクロバット飛行を披露した。30万人の観衆がつめかけたという。

新世紀のニューメディア

ライバルは新聞なり

今では旅行先で絵葉書を買い求める人はめっきり少なくなったのであろうが、絵葉書といえば何か観光みやげ程度の認識しかもたないで、昭和二十年以前、いわゆる戦前の絵葉書を見ていると、とまどいを覚えることが少なくない。

それというのも、こんなものまで絵葉書になるのか、と、思わず首をかしげたくなるような図像がそこにはあふれているからである。火災現場、台風被害、地震の惨禍、急を告げる新聞号外（「新聞号外」そのものを「絵葉書」化しているのである）、おごそかな葬式、そしてこれでもかというほどの圧倒的な量でせまる戦争プロパガンダ…。

およそ、身の回りに飾って楽しく鑑賞するという、のほほんとした観光みやげの絵葉書のイメージからはほど遠い。これをどう捉えるべきなのか。「平和ボケ」とも揶揄される昭和二十年代以降、いわゆる戦後とはまるでちがう、我々が見過ごしていたかつての「近代日本」が、絵葉書のうず高い山の中にも厳然と存在している。そうしたエピソードをいくつかとりあげ、その裏に隠された歴史に光をあててみよう。

いわゆる名所旧跡や博覧会絵葉書の類には、「遊覧紀念」「参拝紀念」等のスタンプが押された例が少なくない。こうしたスタンプは、絵葉書が持つ記念品あるいは手頃な土産品としての性格をよく示している。大正年間以降、名所・名勝絵葉書の発行が全国に広まるのも、鉄道網の整備とそれにともなう観光旅行の庶民化に符合する潮流の中にある。しかし、視覚メディアとしての絵葉書の役割はこれだけにとどまるものではなかった。現在では見かけない、事件報道とも称すべき部類の絵葉書も発行されている。

名古屋におけるその比較的古い例が《名古屋旭廓大火惨状絵葉書》である。大正二（一九一三）年一月二十二日、大須観音北側の旭廓（明治六年官許となった遊郭で「しんち」と呼ばれていた）で大火が起きた際にその焼け跡の惨状を撮影し、四枚組の絵葉書として発行されたものである。原形をとどめず一面焼け野原となった状況をそのまま掲載し

34　名古屋旭廓大火惨状（火元深川楼及金波楼焼跡）　大正2（1913）年1月22日夜、大須観音北側一帯の遊廓で70軒を焼く大火があった。当時はまだ名古屋市内に水道設備がなく、冬の西風もあって瞬く間に延焼した。

ており、今なら新聞のニュース写真で見る性格のものである。しかし当時にあっては、新聞はあくまでも活字が主体であり、活版という印刷形式の制約から、視覚に訴えるものといえば木口《こぐち》木版による線画の挿絵が普通であった。現在我々が新聞でふんだんに目にすることができる網目製版による写真は、明治後期に登場し始めたばかりであり、網目の粗さと粗悪な紙質とが相まって、とうてい精細な絵葉書には太刀打ちできなかった。ここに視覚メディアとして新聞をしのぐ絵葉書の報道性が認識されてゆく。

大須旭廓の火元は遊廓深川楼で、神棚に供えた小蝋燭の消し忘れから提灯に火が移り、それが花園町通り以北一帯七十戸を焼失する大火となった。その大部分が遊廓である。六日後の一月二十八日「新愛知」第七面では、廃墟と化して殺風景な火災現場を報じている。

●寒夜の焼跡　殺風景なる旭廓

火災後六日目の旭廓は、大工人夫が再建築の準備に余念なく立働いて、未だ夜昼ともに焼跡見物の男女が絶えない、風寒い昨夜災後の模様は如何にと、廓内を見聞した

▲殺風景の廓内　焦土と化した花園町通り以北、常盤町以東の焼跡は、板囲に屋号の張札が殊に目立って、青いアーク灯三基が半焼《はんやけ》の揚屋妓楼の内部まで照らして、夜業する人夫の影も疎らに、夜番の拍子木の音も冴えた午前一時頃から三時までは不夜城も、今は荒涼惨憺たるもので、涙を秘《かく》して客を待遇《もてな》す娼妓の身の上こそ哀れなもので、身に泌《し》む風を堪《こら》へて張店《はりみせ》するのもサゾ辛い悲しい事であらうと、格子内を覗き廻って見ると、同居娼妓は大抵馴染客が所在を知らぬので、お茶を挽いて居る者が多い、登楼客も遊女の不幸を他所に見て、香気らしく遊んでは居るものゝ、何となく気抜けのした勤め振と、不整頓な部屋構へに不愉快を感じて居る、斯《こ》んな模様で、災後の廓内は殺風景なものである

　楼主やこの大火で焼け出された娼妓の他にも青ざめた者がいた。火災保険会社である。各社あわせた損害額は二万千八百円見当。この中には三千円の契約後二日目、二千五百円の契約後五日目でこの大火に遭遇した会社もあって、狼狽するばかりであったという。保険金の支払いで建物は再建できるにせよ、こうした大火は人家の密集した市内から遊廓を移転させる大きな要因となった。この後、大正十二（一九二三）年の末には西郊の中村へ移転し、旭廓は夢の跡と消滅した。

　こうした火災に対処すべく、当然火消しにあたる消防組織が存在し、いざ火事があれば出動するし、年の初めには出初め式をおこなった。大正四年初春の出初め式の様子を絵葉書としたものが手元にある。これは名古屋市内各所の消防組が鶴舞公園で式を執りおこなっている様子を絵葉書としたものである。当日の様子は翌一月八日「新愛知」第五面に詳しく報道されている。なお、名古屋市に常設消防（今の名古屋市消防局の起源）が設けられたのは、明治四十三（一九一〇）年一月のことで、同年春開催を予定する共進会対策としてとられた措置であった。

●鶴舞《つるま》公園に銀龍躍る　＝七日消防出初《でぞめ》式の光景＝
七日の朝空霜に暁《あ》けむとする午前六時半、先づ常設消防詰所に数馨《けい》の鐘鳴り渡れば、市内各署の警鐘之に応じて全市の眠りを破り、吉例に依る此日の消防出初式を報じた。
▲活気園内に満つ　警鐘の音末だ全く止まざる間に、名古屋、熱田の両消防組等喇叭《ラッパ》に競ふ懸声勇ましく、水管車、喞筒《ポンプ》の轍《わだち》に砂利を蹴《け》って、会場鶴舞公園に駈け

附ける、門前署第六、七部の午前六時四十分を筆頭に、新栄の四、五部、熱田の一、二、三部、江川の一部、鍋屋の三部に次で新栄の二部が午前七時一分に到着したのを殿《しんがり》として、消防係の大脇警部補の到着帳に註せられた。松は黒く芝生は黄に霜枯れた公園には、馬簾《ばれん》や旗の朝風に翻へる処、血気の消防夫等が、刺子の裾をひん捲くって開会を待つ、活気は広い公園に満ち渡った。

▲**荒男の離れ業**　保々《ほゞ》警視、今野、矢崎両警部を随《したが》へて、丸茂警察部長が騎馬で来る、自動車の阪本市長が来る、馬車の松井知事が絹帽《シルクハット》姿でやって来る、喇叭《ラッパ》が響く、いよいよ式が始まる。人員、器具の点検が済むと噴水塔の西で水管車と喞筒の取扱演習が始まる、各組の選手達がホースを持って競走《かけっこ》をしたり、筒先が腰を据へて天の一方に水を注ぐ真似をしたりする、眼にも留らぬ早業と、屈竟《くっきょう》な男達が重い喞筒を苦もなく取廻すので、群衆は訳も無く喝采する、消防団の中で之を見て居た白髪《しらが》の小頭らしいのが、『毎晩碌《ろく》たま寝ずに稽古をしたのだもの、是れ位の事をやって呉れなくては……』と、両眼に嬉し涙を光らせて居た

▲**初舞台の面目**　グランドの方で再び喇叭が響く、警察部長等の馬が其の方へ駈けて行く、小隊操練と分列式とが始まったのだ。それが終ると自動車喞筒と蒸気喞筒と水道消火栓との水勢比較試験が噴水塔前で始まる、三種の筒先から迸《ほとばし》り出る水は或いは真直に或は斜に、薄曇の空中に数條の銀龍を躍《おど》らせた、殊更新着の自動車喞筒の噴《は》く水は、一段と威勢を示して見物側からヤンヤの喝采が起る、その道の消防夫達までが是なら大概の火事は一ト溜りも有やしないよと、頻《しき》りに小首を捻ったほど、自動車喞筒は初舞台に面目を施した。

▲**飛沫下の活動**　貴賓館の西の空地に高さ六間の青竹の空に、小さい長方形の箱のくッ附いたのが何本も並んである、その下に集まった各部の喞筒が一声の喇叭で活動を始めると、筒先は小箱を狙って下から水を注ぎかける、水の力で箱が砕けると、中から小さい傘がぱっと開いて、それも亦水の爲に名残なく飛ばされると、下では万歳の声の中に纏《まと》持が懸命に馬簾を振り立てる、之が仮装火災の消火演習で一番先に箱と傘とを落したのが誉《ほまれ》といふので、一同冷たいのも忘れて飛沫《しぶき》の下で立働く、見るからに身内が顫《ふる》へて来る程の凛々しさ勇ましさであった、

▲**楷梯《はしご》乗で打出**　それからは善行証書授与、知事警察部長の訓授、講評、来賓の祝辞があって、奏楽堂附近の空地で行はれた余興の楷梯乗を最後にして、芽出度《めでたく》式を終り、各部はそれから思ひ思ひの方面に練り込んで、途上到る処に楷梯乗を演じたりした。寒に入って後一日《じつ》耳が断《ちぎ》れるほどの寒さも厭はず、見物人は到る処に

35　大正四年鶴舞公園ニ於テ名古屋市消防出初式（腕用喞筒標的落競技ノ光景）　手押しポンプから吹き上げる水力で、青竹の頂点に取り付けた長方形の標的を落とす競技。まだ常設消防は人数が少なく、地域ごとの消防組が火消し役に活躍していた。

36　大正四年鶴舞公園ニ於テ名古屋市消防出初式（梯子乗ノ光景）　出初式の最後に余興として披露された梯子乗。鶴舞公園での式を終えた後も、帰路の各所で披露した。

大正十年九月二十五日夜半の暴風雨　名古屋市南部の大惨状

37　大正十年九月二十五日夜半の暴風雨　名古屋南部の大惨状　9月下旬に襲った台風の被害を絵葉書とする。この時は高潮の被害がひどかった。熱田神戸橋付近の被害状況を写し、同一の写真が新聞にも掲載された。

人垣を築き、右往左往する警察官と、消防隊の間を抜《ぬけ》
つ潜りつ、勇み肌の凛々しい所作に喝采を浴《あび》せた

この年の出初め式がわざわざ絵葉書になったのは訳がある。名古屋市が初めて消防自動車を購入し、その初披露がここでおこなわれたのである。そしてホースから勢いよくほとばしる銀色の放流水を、まるでうねるように天高く昇る龍にたとえ、先の記事冒頭で「銀龍」と表現したのである。市内の上水道もすでに前年九月に供用を開始しており、消防自動車は高価な買い物であっても、いざというときの備えには必要であった。とりわけ、大須の遊廓は火事が目立った。大正二年以前にも明治三十六年に大火があり、その時には損害賠償をめぐって、遊廓同士の裁判沙汰となっている。その頃はまだ火災保険も一般的ではない時代。しかも木造家屋がほとんどとあって、いったん火の手が上がるとみる間に広がっていく。河川の少ない名古屋市内は、火災に弱かったのである。

同様の災害報道の事例として、《大正十年九月二十五日夜半　風伯雨師突如猛襲　名古屋地方大惨状絵葉書》をあげることができる。いささか長い題名のうち、《風伯雨師《ふうはくうし》》

とは風の神、雨の神のことで、ここでは暴風雨を意味している。九月という季節から考えれば台風であろう。大正十年九月二十五日夜、名古屋沿岸部が被災した状況を八枚組絵葉書としたもので、沿岸に打ち上げられて横倒しとなり、破損の甚だしい船舶類、倒壊した家屋等をまざまざと映し出す。二日後の新聞には、その惨状が細かく報道された。大正十年九月二十七日「新愛知」第七面全部を占める被害記事の見出しとリードだけでも次の通り。

●空前の大暴風雨　名古屋地方を襲ふ　倒壊家屋百数十戸に達し　即死者十二名を出す　東築地は全部浸水

今年の厄日は珍らしくも平日と変りのない好天気で、農家は孰《いづ》れも安堵の胸を撫でゝ居たが、俄然二十五日午後に至って天候険悪の兆あり、夜に入ってより刻一刻と進むにつれて暗雲荐《しき》りに去来し、北東の強風に誘はれて時々驟雨を催し、蒸し暑さの加はると夜の更くるにつれて一層険悪となり、遂に午前零時三十分頃に至り暴風雨と変じ、同時に電灯は消滅し、名古屋全市は忽ち暗黒の巷と化し、同二時二十分には風速実に二十六米《メートル》の烈風となり、次で南東の風と変り、天柱地軸も吹き折って家も樹も大地に叩き付けよとばかり、宛《さなが》ら無人の野を行く如く吹き荒れたが、午前四時を過ぐる頃風力稍々《やや》衰へ、同六時に至りさしもに猛威を揮《ふる》った暴風も遂に全く衰へ、朝陽のキラキラと輝くを仰ぎ見るに至ったが、今回の大暴風雨は去る大正元年秋に於ける大暴風雨よりも其範囲広く、西築地方面の被害はより一層惨たるものがあった、之れが為め市内電車は午前十時迄通じなかった

同紙面には「悽愴たる風伯の襲ふた跡」の見出しで四枚の被害写真が載り、そのうちの一枚がここへ掲載した絵葉書と同一の写真である。新聞記事によると、これは「市内神戸《ごうど》橋の道路に打揚げられた発動機船」とあり、沿岸部はどこも同様の被害が出た。ちょうど満潮時と重なったこともあって、高潮が怒濤のように沿岸部を襲い、大船が陸地に流されて惨憺たる状況となった。この時の台風被害は関西から中部全域に広がったようで、未曾有の被害にこのような絵葉書が発行されたのである。

台風にもまして、地震のような大規模な災害ではさらに広域的に影響をもたらした。大正十二年九月一日に発生した関東大震災がその代表的な事例である。震災直後、東京では被災状況を写した絵葉書、それもまだ刷りたてで、一

38　上野池之端方面ヨリ倒潰シタル十二階方面ノ光景　浅草に建てられた凌雲閣はその階層から俗に浅草十二階と呼ばれていた。関東大震災で途中８階以上が倒壊して使用不能に陥った。修復も再建もままならず、結局爆破によって解体された。

39　日暮里停車場ノ僻難民ノ群　東京市街全域が震災被害を受けたため、避難すべきところもなかったことを如実に示す光景。プラットホームの上は立錐の余地もなく、屋根の上にまで人があふれている。

枚ずつ切りそろえていないものが飛ぶように売れたといわれる。関東全域に甚大な地震被害が発生したために、新聞紙上に被災状況の写真が載るまでに相当の日数を要した。

状況を知りたいのは現地に限ったことではなく、名古屋のような遠方では、いったい何が起こっているのか把握する手段がなかった。そこに絵葉書の需要が発生する。《世界的大悲惨事東京市震災実況第一報》なる八枚組の絵葉書があるが、これは名古屋の絵葉書問屋菊花堂が発行したもので、袋には「弊店写真部撮影」と印刷されている。わざわざ名古屋から震災状況の取材撮影に東京へ赴き、その後名古屋で発行したものである。

絵葉書には、がれきの中に倒壊した凌雲閣（通称浅草十二階）、日暮里停車場のホームを埋め尽くす避難民、完全に焼け落ちた上野広小路の松坂屋跡地、日本橋近辺や汐留の惨状等を収めている。活字を組む時間もなかったのか、説明文は手書き文字であり、いっそう緊迫感を伝える。この絵葉書はよほど売れ行きが良かったのだろう。菊花堂は一年後にも、「一周年記念」と妙な題をつけて、関東大震災の絵葉書を発行している。

こうした火災や天災の他にも、皇族をはじめとして政府や軍部要人の葬儀の模様を伝える絵葉書も報道性が強いものである。天皇制イデオロギーや軍国主義の喧伝に一役買ったことは否めないが、国をあげての葬儀という一種のイベントが国民の関心を引きつけたことは事実である。いずれにせよ、これらは少なくとも室内に飾って楽しく鑑賞する性質の絵葉書ではない。が、テレビもラジオもない時代、絵葉書の精細な印刷は新聞以上に視覚に訴え、強力な報道メディアとして状況伝達機能を発揮したのである。

戦時態勢突入の時

そもそも明治三十三（一九〇〇）年に国内での使用が認められた絵葉書は、日露戦争時に官製絵葉書が爆発的に流行して広まり始めたものである。また、出征兵士への慰問品や軍事郵便絵葉書として活用されたことによっても広く国民の間に周知されていった。いわば戦争とは誕生以来持って生まれたつながりがあった。記念絵葉書の流行も、ただ単に記念品を入手するだけの収集熱ではなく、世間に喧伝される戦勝気分を実感するための視覚情報をそこへ求めたと理解すべきであろう。明治三十七年から三十九年にかけて逓信省が発行した日露戦役記念絵葉書は、陸・海を問わず、戦場での実景をふんだんに取り入れ、ニュース写真としての報道性を遺憾なく発揮したのである。その中で、とりわけ注目すべきは全面多色刷印刷とした一枚の記念絵葉書である。主人公は乃木将軍、陸軍大将乃木希典である。

旅順攻略が難航する第三軍総司令官乃木は明治三十七年十二月に入ってようやく戦略を転換し、要塞西北後背部にある標高二百三メートルの無名の小峰を攻略する。二〇三高地である。ここを奪取した後、わざわざ日本沿岸の砲台

40　明治38（1905）年1月5日、旅順北方、水師営における彼我司令官の会見　ロシア軍ステッセル中将と日本第三軍司令官乃木大将との会見シーンをまず写真に撮り、それをもとに彩色画を描いて、19回以上の石版多色刷としたもの。刷り色を分ける作業は職人の手仕事であった。

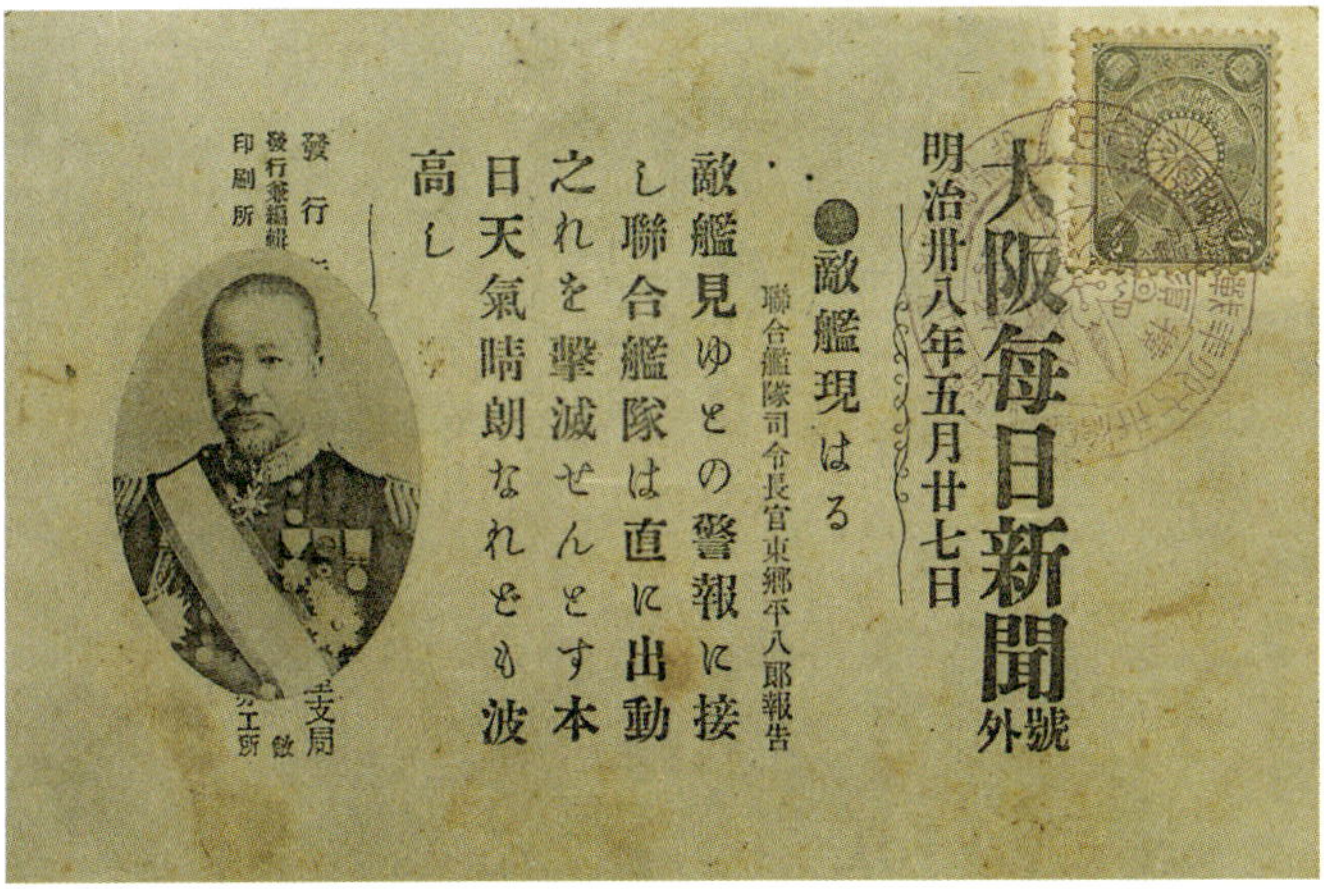
大阪毎日新聞號外
明治卅八年五月廿七日
●敵艦現はる
聯合艦隊司令長官東郷平八郎報告
敵艦見ゆとの警報に接し聯合艦隊は直に出動之れを撃滅せんとす本日天氣晴朗なれとも波高し

41　大阪毎日新聞号外　明治卅八年五月廿七日　ロシア海軍バルチック艦隊と日本海軍の連合艦隊との日本海海戦の始まりを告げる号外。社名・住所の上に東郷平八郎の肖像をかぶせる。

からとりはずして海路持ち込んだ軍艦警備用二八珊（サンチ＝火砲口径の表記単位でセンチメートルと同じ）榴弾砲で旅順湾内に立てこもるロシア太平洋第一艦隊を攻撃した。当時はこの巨砲で艦隊を撃沈、壊滅させたと報じられたが、実際には艦体の損傷を防ぐために水面下に自沈擱坐《かくざ》（浅瀬に乗り上げること）させ、バルチック艦隊の到来を待って修理にあたる戦略をとったようである。しかし、旅順要塞が陥落したために、艦船の接収を嫌って自爆したのが真相らしい。ともあれ、旅順要塞攻略とロシア太平洋第一艦隊を消滅させるという、旅順戦のターニングポイントとなったこの無名の小高地に対して、乃木大将はその後感慨を込めて爾霊山《にれいさん》と命名した。要塞堡塁も地下壕からの攻撃で順次攻略し、明治三十八年一月一日、ついに要塞を陥落させた。

その後一月五日におこなわれた旅順北方、水師営でのロシア軍旅順要塞司令官ステッセル中将と乃木大将との会見シーンは、同年十月十五日発行の第四回戦役記念絵葉書の一葉となった。この時には、単なる写真版ではモノクロ印刷となって迫力に欠けるということで、わざわざ写真を元にした彩色画を起こし、十九度刷り以上のクロモリトグラフ（石版多色刷）とした。それまで、小さなモノクロ写真版を数枚組合せ、背景にアールヌーボー調のデザインを施した絵葉書ばかりであったことに比すれば、力の入れようは断然異なる。そこに映し出されたのは、大国ロシアを屈服させた勝利者乃木の栄光ある姿であった。

こうした報道性をさらに推し進めてゆけば、論理的には新聞号外でさえ絵葉書となりうる。「大阪毎日新聞号外絵葉書」はその一例ともいえよう。これは明治三十八年五月二十七日の日付で発行されたもので、「敵艦現はる」の見出しに続いて「敵艦見ゆとの警報に接し連合艦隊は直に出動之れを撃滅せんとす本日天気晴朗なれども波高し」の記事を掲載する。そしてその左側に連合艦隊司令長官海軍大将東郷平八郎の肖像写真を載せる。遠路東航したロシアのバルチック艦隊との日本海海戦が火蓋を切った当日の号外である。この号外絵葉書はかなりあわただしく発行されたようで、東郷平八郎の顔写真は最後の修正ではめ込んだらしい。当初左端には新聞社の住所を示す活字が埋めてあったのを、急遽東郷大将の肖像に差し替えた。しかし上下に残った活字を取り除かなかったために、刷り上がった絵葉書には、意味不明となった文字が残ってしまっている。

この日本海海戦は日本の完勝で終わった。しかしこれは、多大な犠牲を払って旅順攻略にあたり、ロシア第一艦隊の戦力を壊滅させた前提に成り立ったものである。日露戦争で、少なくとも陸戦においては、ロシア軍は兵力を温存したまま一時退却したにすぎないのであるが、将兵・兵器弾薬・軍資金いずれも枯渇して継戦能力を失った日本側が優勢となった形勢のままロシアとの講話に持ち込んだ。多大な犠牲を払いながらも、日本軍勝利の形で終わった（日本国内へはそう伝えられた）のだが、この戦争では決定的な勝者も敗者もいなかった。ロシア側が対日無賠償で講和条約に調印したことがそのことをよく物語っている。

42　名古屋栄町凱旋門絵葉書　明治39(1906)年1月11～13日、名古屋第三師団の将兵は相次いで大陸から凱旋した。広小路通り本町交差点には凱旋門が設置され、将兵は威風堂々の凱旋パレードをおこなった。

　この日露戦争の戦勝気分を伝える絵葉書に「名古屋栄町凱旋門絵葉書」がある。明治三十九年一月十一日から十三日にかけて、日露戦争から凱旋した野戦第三師団の司令部、歩兵第六連隊、同三十三連隊等々の将兵が広小路通りに特設された凱旋門下を威風堂々と凱旋パレードする様をイラストで描く。軍人が銃をかついで市中の大道を行進し、市民が手旗を振って歓迎する光景は日清戦争以来、なじみあるものとなっていった。絵葉書上部の似顔絵は派遣軍総司令官大山巌（右）と同参謀総長児玉源太郎（左）である。

　また、この絵葉書には明治三十九年八月一日の日付で「同盟国支那海艦隊歓迎紀念」のスタンプを押す。同盟国とはイギリスのことで、日本はロシアの極東進出南下政策に対応する措置として、明治三十五年一月三十日に日英同盟を成立させていた。明治三十九年七月三十一日には開港工事中の熱田港（翌年名古屋港と改名）に英国駆逐艦六隻が来航しており、その模様を写真版絵葉書とした《英国支那海艦隊熱田入港記念絵葉書》も発行されている。日英同盟は日露戦争前明治三十五年から第一次世界大戦後の大正十二

（一九二三）年八月まで、二度の改訂を経ながら二十一年間に渡る日本外交の基軸となった。その間に起こった第一次世界大戦に日本が参戦したのもこの同盟が発端であった。

明治三十九年、日露戦争一周年を迎えるに当たって五月二十七日は海軍記念日となり、また陸戦において奉天（現・瀋陽）に入城した三月十日は陸軍記念日となった。日露戦争勝利により、その後日本の陸軍は乃木希典大将の戦法よろしく白兵銃剣主義による肉弾突撃が、海軍は東郷平八郎大将指揮の海戦そのままに大艦巨砲主義による艦船対決が国防方針の基本理念となり、そして陸海軍ともに先制奇襲による短期決戦という思考からいつまでも脱することができなかった。さらにいかんともしがたい資源と生産力の不足は極端な精神主義で覆い尽くすしかなく、忠君愛国の大義にもとづく攻撃精神が絶対とされた。神がかりともいえる観念的な「必勝の信念」が最も重要視されたのであり、日本は以後ひたすらこの方向へ突き進んでいくことになる。しかし、無賠償に終わった結果として、戦費調達の臨時増税は恒常的なものとなり、国内外への債務支払いに苦しむ一方で、さらに軍事力の増強と教育現場をはじめとした、国民への天皇制イデオロギー注入に力を入れていく。

こうした軍部による国民への精神教育施策の一環として、まず明治四十三年に軍隊と地域社会との関係強化を目指して在郷軍人会が結成された。これは国民皆兵制度のもとで、予備役・後備役等、在野にある軍役経験者を組織し、軍隊の社会基盤強化のために活用する方策であった。また陸軍省は内務省・文部省の反対を押し切ってまで、近世以来の若者組のような村落共同体内での年齢階梯組織から青年会・青年団へと改組しつつあった地域社会の青年組織に対して、徴集前の軍人予備教育組織としての機能を持たせることも画策・実現させていった。青年団は徴兵事務行政にあわせて市町村を単位として組織化され、名古屋市では大正八年八月九日に名古屋市連合青年団を創立し、同年十月一日に発団式を挙行。同日早速、野砲兵第三連隊を見学するとともに、同年シベリア出兵から帰還した第三師団将校の訓話を団員に聞かせている。

日露戦争後の日本は、「開国進取」という美名のもとで、世界有数の軍事大国をめざしていったのである。大正三年の第一次世界大戦膠州湾出兵で山東半島に権益を確保し、青島のドイツ軍を陥落させた。この折には宣戦布告も、青島陥落の折も号外が絵葉書となっている。青島陥落後、戦

43　名古屋市主催　青島陥落祝賀会大提灯行列之光景（十一月七日）紀念碑前　大正3（1914）年8月23日、ドイツに対して宣戦布告した日本は中国山東半島のドイツ租借地青島へ出兵し、わずか2カ月ほどで陥落させた。11月7日、その報が伝わるや早速名古屋でも夜昼となく市民が街頭に繰り出して戦勝気分に酔いしれた。画面は武平町交差点記念碑前での提灯行列。

勝気分にひたる名古屋の光景は、二十一世紀の現在では、まず目にする光景ではない。何故に街頭へ繰り出すほどの祝い事なのか。軍隊が当たり前で、徴兵も当たり前、戦争も当たり前の世の中ではこうなるのか。その先にあるものは、言わずもがなである。

　陸軍記念日が二十回目の節目を迎える大正十四年三月十日、かつてない記念行事が鶴舞公園でおこなわれた。『名古屋市総合年表大正編』は当日の記事として「陸軍記念日に付、第三師団司令部、県市合同主催、軍隊、在郷軍人、中等学校以上の生徒、青少年団員等一万三千人の分列式後、公園運動場において大祝賀式を挙行」と記す。この模様は絵葉書にもなっており、《官民合同大分列式空地大攻防演習記念絵葉書》《連合閲兵大分列式実況絵葉書》各八枚組として残っている。

　上前津から鶴舞公園に向かう分列行進の様子を、当時その中間にあたる大池町にあった名古屋商工会議所前および鶴舞公園前で撮影したもので、まさに軍官民一体となった一大行事であった。絵葉書には、この日のために作られた祝賀行進歌の歌詞も掲載されている。一番「謳へ同胞奉天の、戦捷こゝに二十年、ア丶彼の戦に幾万の、同胞死せり

44　鶴舞公園会場入口ノ大雑踏　大正 14（1925）年 3 月 10 日、第 20 回陸軍記念日に際して挙行された 1 万 3 千名の将兵、在郷軍人、その他青年団員、学生等による分列行進。大群衆の中に市電車輌が埋もれている。

傷つけり」に始まり、二番「伊吹颪も吹き晴れて、春陽平和にかゞやけど、金の鯱鉾八釼の、誇りは我等の血を燃やす」、三番「衢《ちまた》に輝《かがやけ》る幾千の、軍旗団旗に影さして、飛行機空に舞い乱れ、地に轟くや砲の音」、四番「市民幾万肉躍り、血の湧き勇む今日の日よ、いざや謳はんもろ共に、いざや祝はん国のため」に終わる歌詞は、軍隊現役将兵のみならず、現役を終えた予備役・後備役の在郷軍人、近い将来確実に徴集される学徒、そして徴兵予備組織に改組された青年団、そして広く市民を軍国思想で囲い込もうとする一大キャンペーンであった。当日鶴舞公園前を埋め尽くした将兵・群衆の姿を捉えた絵葉書は、一大行事の報道であるとともに、軍官一体の宣伝、軍国プロパガンダにほかならない。

　この大正十四年には陸軍現役将校学校配属令が発令され、学校教練教授要目制定によって中等学校以上での軍事教練が正課となった。さらに翌大正十五＝昭和元年には市町村ごとに青年訓練所（昭和十年以降は実業補習学校を併合して青年学校に改組、同十四年以降義務制）が設置され、尋常小学校もしくは尋常高等小学校卒業の勤労青年に対する年間四百時間の教練が開始された。教練指導員には在郷軍人があたり、従来の青年団と共に入営前の勤労青年男子に対する軍国主義教育の予備教育機関となっていった。

この大正十四年という年は、普通選挙法が施行された年である。世は政党政治にもとづく大正デモクラシーと呼ばれた時代である。普選は必然であった。しかし、この法律と同時に鬼っ子ともいうべき法律も生まれた。治安維持法である。翌年昭和となって後、どちらの法律が猛威をふるったか。普選は翼賛政治になり果てて消滅し、治安維持法は思想を取り締まる鬼の特高（特別高等警察）を生んだ。日露戦争から二十年を迎えた大正十四年という年は、この相反する二つの法律とともにラジオ放送が生まれ、その後の日本にとって重要な分岐点となる年であった。昭和を迎える前に、軍国主義はすでに大きく頭をもたげていたのである。

異邦人のいる風景

オールバックの飛行機野郎

一九〇三年十二月十七日、アメリカの片田舎で自転車屋を営んでいたライト兄弟が世界で初めて複葉機による飛行に成功して以来、飛行機を軍事目的に活用する研究が急速に進んでいった。日本でも陸海軍がそれぞれ明治の終わり頃から研究に乗り出しており、名古屋でも大正二年秋十一月の陸軍特別大演習において、その飛行が公開されて絵葉書にもなった。しかし、飛行機自体の不安定な性能と、未熟な飛行技術から事故が続出したようである。大正二年の演習時でも、飛行前の颯爽とした機体の絵葉書とともに、墜落して無惨に壊れてしまった姿まで、わざわざ絵葉書になっている。その使用前、使用後ともに陸軍特別大演習の大仰なスタンプが押してあるところをみると、こんなお粗末な結果となっても絵葉書を売り出しているのだから、相

45　徳川式陸軍飛行機　大正２（1913）年11月、愛知県下で陸軍特別大演習が繰り広げられた。演習には研究中の飛行機も登場し、その華麗な飛行を披露したが、結局着地に失敗。機体は大破して無惨な姿となった。写真は飛行前の勇姿である。

当にのんびりした時代だったのだろう。しかし、その後まもなくヨーロッパで勃発した第一次世界大戦では、軍用飛行機が第一線で活躍したのであり、日本の陸海軍は二十世紀になって登場した新兵器に対してことのほか関心を寄せ、飛行将校の養成に腐心していた。名古屋城の上空を軍用飛行機が飛ぶようになるのもこの頃からである。ただ、機体のトラブルで不時着したり、市街地民家の屋根に墜落して大穴を開け、翌日の新聞だねになることも珍しくなかった。

そうした折、アメリカ人飛行家が来日し、各地で曲芸飛行を披露して話題となった。名古屋にも前年に一度訪れており、その時は南部の築港地帯で有料興行をおこなった。大正六年再び来日して曲芸飛行を披露しようとした際には、名古屋では地元の新聞社が「航空思想の涵養」をお題目に、メディアイベントとして取り上げ、開催経費を全額負担して無料で市民に公開した。実際には、大阪での公開飛行を大阪朝日新聞社が主催したことに対抗して、名古屋会場での主催権を獲得したと考えた方がよい。

会場は陸軍第三師団の北練兵場、今の名城公園である。軍側も彼の飛行技術になみなみならぬ関心を寄せ、また新聞も連日のように「天空の子須《ス》君再来」「鳥人スミス」の前宣伝の記事を載せる。今回彼は母親を連れての来日となった。初夏を迎えた五月十一日の昼過ぎ、特別急行列車で名古屋へ到着した母子は、さっそく竪三蔵通りの名古屋ホテルへ投宿し、翌日は市内観光でゆっくりとくつろいだ。その動静は逐一新聞記事となって、ますます前景気をあおった。

　軍隊に召集中の兵隊はもちろんのこと、在郷軍人会も総見物である。各学校側も生徒たちに観覧させたいと、二万名近くの事前申し込みが主催者側へ寄せられた。飛行公開日は五月十三日。官庁や一般企業は、この世紀の大飛行を見たいがために、わざわざ十五日の休息日を十三日に繰り上げる始末で、市民こぞっての総見物となった。

　当日はカラリと晴れ渡り、絶好の飛行日和となった。翌日の「新愛知」第四面は紙面全部をこの世紀の大イベントにあてている。当日の主役たる、曲芸飛行家の名はアート・スミス、米国インディアナ州生まれで当年若干二十四歳。オールバックの髪をなびかせた、小柄で童顔の青年である。公開飛行は午前、午後各一回。そのうち午前の部は、以下のような次第であった。

●スミス氏招聘　本社公開大飛行
初夏の光金鯱《きんこ》に映え快隼《じゅん》縦横に飛ぶ
見よ天空の子の神技を！卅余万の観衆練兵場に押寄す
◆名古屋市空前の人出
天も亦我社公開飛行に幸ひして、前夜来の曇天は、公開飛行当日の十三日払暁《ふつぎょう》に至って、物の美事《みごと》にカラリと晴れ渡り、おまけに無風、実にお誂へ向きの飛行日和となった、この日の来るのを待ち構へた市民諸君は素《もと》より、汽車に電車に遠近よりの人出は、名古屋市中の三百余街に絡駅《らくえき》として、皆な飛行場たる城北練兵場へと向った、いよいよ午前十時過、午前の飛行開始に迫った頃の市中は、遽《には》かに寂《ひっ》そり閑として了《しま》ひ、反対の方向に運転する電車が殆むど空《がら》ん洞《どう》になったのに徴しても、如何《いか》に当日の人出の盛んであったかゞ知れる、「真に名古屋創《はじ》まって以来の人出だ」と驚嘆された取締警官の言葉は、真に吾人を欺《あざむ》かざるものがあった、斯うして海嘯《つなみ》の如く練兵場に押寄せた群集は、さしもに広き北練兵場の周囲に黒山を築いた許《ばか》りでなく、遙かに東練兵場との堺の土手も石垣も、空地といふ空地は殆んど人で真黒になって、我社公開飛行に多大の光彩を添えた。
◆雄姿を空中に　雲の中の宙返り三回
当日の花形役者たるアート、スミス君は午前十時、母堂と一緒に名古屋ホテルを出て、自動車で飛行場に向った、例の鳥打帽子に、カーキ色背広服といふ頗《すこ》ぶる無雑作な扮装《いでたち》のスミス君の姿が現はれると、待ち構へた群集は哄《こう》と鬨《とき》の声を揚げて歓迎する、スミス君に附添ったお母さんは、唯もう相恰《そうごう》を崩して喜んで居る、やが

てスミス君は場《じょう》の西北隅にある、
今日の離れ業を演ずべきカーチス式九十馬力の複葉飛行機の点検に取かかる、先着の技師のメラスコ君も一緒になって立働いて居る、時に午前十一時、準備整頓とあって機はスルスルと場の東北隅に引出される、焦茶色の双翼を伸べた機体が動き出すと、幾十万の群衆は又もや唸りを立てゝ動揺する、そして一同片唾《かたず》を呑んで、いよいよ宙返りの開始を今か今かと待ち受けた、兎角する間に午前十一時十分、機上のスミス君が双手《もろて》を拡げて合図をすると、一年振の快よき発動機の爆音を轟かせながら、機は真西に向って滑走離陸した、
この日の飛行に於て、スミス君が我が社の爲に、一般観覧者の爲めに、如何に絶妙の技を揮《ふる》はれたかといふ事は、拙《つたな》き筆を以てしては、茲《ここ》にその詳細を記すに苦しむ許りである、スミス君は忽ち得意の上げ舵を引いて、グイグイと、見る見る中に高空に羽を伸ばした、左へ左へと転じて金鯱城頭を掠《かす》めて、丁度一週した時には、高度実に二千呎《フィート》、他の飛行家では一寸《ちょっと》真似の出来ない飛び方で、既に群衆の感嘆を博した、丁度場の真上に輝く初夏の太陽が、薄雲の彼方、紗に包まれたやうな輝きを見せて居る真下の処で、機は殆んど小鳥の如く悠々として舞って居る、時に十一時十五分、高度実に三千五百呎と算せられた、
この時一羽の鳶が丁度吩附《いひつけ》られたか何ぞのやうに北から南へ、飛行機の下を飛んで行くと、時ならぬ景物に下では又拍手喝采が起った、機は尚も上へ上へと昇って、此の飛行の最高度三千八百呎の高空に達した時には、機影は一度二度三度と雲間に没《かく》れて、群衆をして其の高きことに面喰はせたが、暫くして機影がポカリ雲間に顔を出すと、実に天地も覆へらん許りの大歓呼を酬《むく》いた、然るに焉《いづく》んぞ知らん、別項スミス君の話にもある通り、この雲の中に於て実に三回の宙返りをやって退《の》けたのであった。

◆真に空中の神技　午前の大飛行二十分間

十一時二十分、愈《いよい》よ離れ業に取懸るべく、二條の黄煙が機尾に双龍の姿を棚曳《たなび》かせると「ソラ宙返りだ」「始まる始まる」と群衆の歓呼はその絶頂に達した、果然場の東北の空丁度太陽の真下あたりで、続け様に逆転を始めたのを皮切りとして横転、逆転、宙返り、真に息も吐《つ》けず目にも止まらぬ空中の妙技には、観衆は只だ酔へるが如く半巾《ハンカチ》を振り帽子を舞はして、この空界の勇士の伎倆《ぎりょう》を讃嘆して止まなかった、
あれあれといふ間に横になり縦になり、縦横無尽の大狂乱飛行に次で、二十二分、見る見る急転直下して、今にも地上に衝突《ぶつか》らんかと思はるゝ勢ひで場の中央に落下した、そして予《かね》て用意のアーチを東から西に向って

47　アート・スミスは前年に引き続き、2度目の来日である。今回は母親を同行しての飛行公開となった。

46　日米両国旗をかざし、カーチス式複葉機に乗り込むアート・スミス飛行士。大正6（1917）年5月13日、名古屋城北練兵場で公開飛行。

48　名古屋城北スミス氏冒険大飛行（地上接吻アーチ抜け）　急降下した後に、旗の立っているアーチを抜けて地上すれすれに低空飛行をするというアクロバット飛行。あわや地上に激突する寸前に機首を地上と平行に保つ低空飛行を「地上接吻」と表現した。

美事《みごと》なるアーチ抜を演じ、それから地上接吻飛行に移って、機尾が今にも地上に触れやせんかと思はるゝほどの低さに飛び廻り、時には群衆の眼の前にまで近づいて、あなやと手を握らせる瞬間、得意の直上飛揚で鮮やかに空中に浮び出るなど、到底神業とよりは思はれなかった、

十一時二十五分、機首が西を向いた時、もう着陸かと見てあれば、さにあらで、天気の好いのと場所の好いのとに油の乗ったスミス君は、再び上げ舵を取て一分の後には高度一千呎に達して、又もや垂直降下の妙技を演じ、再び低空を西へ、来賓席の前を過る時には、その歓呼に答へて機上に双手《もろて》を離して飛んで、それから又低空飛行で、再度破《わ》るゝが如き大喝采を博して、場の中央に着陸したのが十一時三十分、実に二十分間の大飛行を行ったのであった、斯る長時間の飛行と、斯る手順の好《よ》き愉快なる宙返りとは今度日本に来てから、これが始めてでせうと、附添の村田中尉すら感嘆の声を放った程である。

どよめきと興奮につつまれた、北練兵場の異様な雰囲気は午後も引き続いた。いったん母親とともにホテルへ引き上げて昼食をとった後、午後の飛行は三時四十四分から始まった。午後の飛行時間は十一分間と短かかったが、四千呎に達した後、九回の宙返りに、きりもみ状の螺旋降下、逆転、横転、垂直降下のアーチ抜けに低空飛行と自在に飛び回った。スミスは三時五十五分、悠然と着陸。三十万観衆のほえるような歓呼に包まれた彼はまさに鳥人、天空の子であった。そして翌日の昼過ぎには、この母子は再び特別急行列車に乗り込み、興奮冷めやらぬ名古屋から風のように去っていった。

翌日の新聞には、口をぽかんと開けたまま曲芸飛行を見上げる群衆の写真が、さらにその翌日には、着陸後スミスが自動車の上から撮影した観衆の写真が大きく載った。世紀の大イベントに、観衆はただ唖然と見上げるばかり。ところで、その後、若い男どもにオールバックが流行ったとか。縦横無尽に空を飛び回る飛行機野郎、オールバックのクールガイにシビレタのである。

ドイツ海兵隊員の置きみやげ

二冊組の古い絵葉書帖がある。収録内容から『博覧会絵

葉書帖』と名付けられたこのアルバムには、明治の終わり頃から大正年間にかけて、日本各地で開催された博覧会、共進会の絵葉書やいくつかの催事――これは現代風に「イベント」と表現した方がより的確であろうが――を記録した絵葉書など総計百八十八枚が収録されている。この中に外国語で印刷された名古屋の絵葉書が二枚含まれており、掲載資料はその一枚である。

少なくとも英語ではないことはおわかりであろう。では何語？　絵葉書中最上部の《ＡＵＳＳＴＥＬＬＵＮＧ》は、「展覧会」を意味するドイツ語の語彙である。名古屋市博物館はウィーン博物館と姉妹館提携を結んでおり、相互に展覧会を開催しているが、ドイツ語の中で最初に覚えた単語の一つでもある。その下の《１９１９》と最下部の《ＮＡＧＯＹＡ―ＪＡＰＡＮ》から、少なくとも一九一九年、すなわち大正八年に名古屋でなんらかの展覧会が開かれたらしいと推測できよう。あとは辞書を頼りに一字一句を訳していくほかはない。

《ＤＥＲ　ＤＥＵＴＳＣＥＮ　ＫＲＩＥＧＳ―ＧＥＦＡＮＧＥＮＥＮ》のうち《ＫＲＩＥＧＳ》は「戦争の」という意味であり、《ＧＥＦＡＮＧＥＮＥＮ》は「捕虜の状態にある者たち」を意味する複数名詞。《ＤＥＵＴＳＣＥＮ》はもうおわかりであろう。「ドイツ人」である。したがってこれは「ドイツ人戦時捕虜」を意味する言葉なのであるが、絵葉書が発行された当時は、戦

AUSSTELLUNG
1919
DER DEUTSCHEN
KRIEGS-
GEFANGENEN
NAGOYA-JAPAN.

49　ドイツ語による俘虜製作品展覧会絵葉書　大正８（1919）年６月22～30日の９日間開催。第一次世界大戦で日本に抑留されたドイツ軍将兵のうち、約400名が名古屋の収容所に入り、彼らの製作品展覧会を愛知県商品陳列館で開催した。

時捕虜のことを「俘虜《ふりょ》」と称していた。

この絵葉書に関係する記録として、大正八（一九一九）年六月二十三日付「新愛知」第六面には次のような見出しで、記事が掲載されている。

●毛色の変った俘虜展　清方を模した『日本の少女』

名古屋　俘虜収容所の俘虜製作品展覧会を、二十二日から三十日まで愛知県商品陳列館で開催し、一般の観覧に供し、希望者には即売して居るが、開会以来非常な盛況である、
会場は絵画、設計図、器具機械模型、木製品玩具、手芸品の五部に分ちて、外《ほか》に似島《にのしま》俘虜収容所の出品と、俘虜の手に成ったパンや菓子を売るバザーまで設けられ、装飾も陳列も悉く俘虜が数日前から苦心したゞけに、頗る美しく、毎日午後一時から二時まで演奏をして、興を添へて居る、
陳列品としては、俘虜クニベツの設計で、ニーゼンの製作に係る洗濯用乾燥機といふ大きな物からヨットの模型、市街模型を始め夏ストーブ、室内噴水など、見るからに涼しさうな物や、子供の喜ぶ玩具《おもちゃ》、その外刺繍、編物など、日本の女も跣足《はだし》で逃げ出しさうな精巧さ、絵画の部では油、水彩、鉛筆と何れも見事な作品で、中にも「失われたる旅」「愛」「希望」「ラインの朝」等、日本の洋画では見られぬ気分が覗《うかが》はれ、「日本の少女」といふ清方を模倣した様な作品も見受られた、
会場の雑踏を監視して居る俘虜が曖昧な日本語で語るのも面白く、銃を持った兵隊さんが警備して居るなど、他の展覧会では見《みら》れぬ気分が漂って居た、

ことの起こりは、この展覧会に先立つ五年前、大正三年のことである。第一次世界大戦の勃発によって、当時日本は英国との日英同盟に従って対独参戦し、中国山東半島青島《チンタオ》を租借地としていたドイツ軍を攻撃した。弱小兵力のドイツ軍守備隊はあえなく陥落し、ドイツ軍将兵は俘虜として日本各地の収容所に還送された。その一部三百八名（主に海兵隊）が名古屋へ送られ、当初は敷地の広い東別院（東本願寺名古屋別院）が収容所に充てられたのである。

十九世紀末から二十世紀初頭にかけて、オランダ・ハーグで国際的な戦争法規として、「陸戦ノ法規慣例ニ関スル条約」が締結され、日本も明治四十四（一九一一）年十一月六日、同条約を批准した。一般にハーグ陸戦法規と呼ばれるこの戦争法規は、当時最も重要な戦時国際法とされ、こ

の条約の遵守が各国に求められていた。当然、日本も戦時捕虜に対する取り扱いに慎重を期さなければならなかった。

日本各地に多くのドイツ軍将兵が分散して収容される事態になったとき、その収容所の一カ所として、名古屋も候補地となった。これは日露戦争の際にも、ロシア軍将兵を東別院に収容した実績があることも考慮されたものと推察される。今回も当面の仮収容所は東別院とされた。捕虜の名古屋送致にあたっては、その動静を新聞が逐一報道しており、いざその到着日ともなると、名古屋停車場から東別院までの沿道に庶人が群集し、ドイツ軍将兵がどんな連中なのか、興味津々でその到着を待ちわびる光景が現出した。ところが列車到着が遅延したために、降車地を熱田停車場へ変更し、急遽、路面電車で東別院までピストン輸送するルートが採用された。おかげで待ちぼうけを食らった市民はがっかり、という結果になってしまった。

このためかどうかはわからないが、その後も捕虜の動静が新聞記事の格好の題材となり、収容所内部の様子から、将校、准士官、下士兵卒それぞれ階級別の食事のメニュー、朝六時半の起床点呼から夜十時の消灯までにわたる俘虜の日課、また誰が日本語をしゃべれるのかといった、細かいことまでが連日のように逐一記事となった。俘虜の収容が一段落して少しずつ外出し始めるようになるとさらに記事は熱を帯び、鶴舞公園へ散歩に行った、やれ熱田神宮へ、中村公園へ散歩に出かけた、大須や栄で活動写真を鑑賞した、いとう呉服店で丹前を作ったと、およそ総ての動静が記事となった。遠方では犬山や岐阜城に遊んだり、知多半島の新舞子まで出かけて海水浴を楽しんでいる。敗戦国ドイツの将兵は虜囚というよりは、客人に近かった。

そもそも、維新以後日本が近代化を進めるにあたって、ドイツという国は、法制、軍制、医学、文学、哲学、音楽など、さまざまな分野で日本が模範とした国の一つであった。それだけに、日本側の関心も高く、俘虜たちの一挙手一動作に並々ならぬ興味を抱いたのである。スポーツにおいても、名古屋の学生たちとフットボール（今で言うサッカーである）の試合をしたり、俘虜の大運動会を広く名古屋市民に公開したりと、積極的な交流が図られた。各方面からの慰問品も相次ぎ、ドイツに留学経験のある医師や軍の将校たちは直々に慰問に訪れる。収容所を管轄する第三師団司令部も無用な摩擦を回避するために、並々ならぬ神経を使ったのである。

一方で、青島陥落があまりに早かったことと対照的に、ヨーロッパ情勢は容易に決着がつかず、戦争が終結して講和に至るまでに五年もの歳月を要した。この間、捕虜は長く日本国内に抑留される結果となり、収容所での有り余る時間を有効に活用する方策がとられた。それが近辺の企業や工場へ出向いて労務に従事することであり、これは実質的には専門性を生かした技術指導や機械製品の製造に結びついていった。例えば、大正六年二月十七日付「新愛知」第五面の記事によれば、名古屋には自転車製造会社が多かったため、まず試しに御器所《ごきそ》の岡本兄弟商会（岡本自転車）で旋盤加工や仕上げの職工として働いた。その後、洗濯機械の製造や、パンの製造、山葉楽器店でのピアノ塗装など、次々と職種が広がり（同年四月三日「新愛知」第四面）、秋には名古屋電鉄や熱田の服部織布場、料理業魚半などにも出かけるようになった（同年十月十六日「新愛知」第五面）。また、収容所に残った俘虜たちも所内の工場で木工製品や玩具、焼絵などを造って希望する向きに頒布していた。そしてこのことは、欧州の戦況が長引くままに、名古屋で次第に定着していった。モノづくりのさまざまな分野でドイツ人俘虜が活躍することが、日常のありふれた風景になっていったのである。四度目のクリスマスを迎えようとする大正六年十二月八日「新愛知」第五面は次のように伝える。収容所は古出来町へ移転し、九州から百名が移送されて総勢四百名にふくれあがっていた。

●四度目のお正月　新年を待つ四百余名の大家族（中段と後半末尾部分のみ）

▼クリスマス　に就てはまだ俘虜の方から、何等事務所への願ひ出は無いさうだが、いづれ昨年と同様、銘々の班毎にお定まりの飾り木を立てゝ、この一年一度のお祭り酒やら、思ひ思ひの余興などで、仮令《よし》暫しなりとも海外万里、敵地に捕はれの身の上を笑談微酔の裡に忘れ果てる事であらう。（中略）

収容所の外の市内各工場に通って居る所謂労役の俘虜等は、毎朝毎晩、鉄砲を担いだ日本の兵隊さんに送り迎へをされながら仕事先へ通って居るが、初めの中《うち》こそ、毎日街へ外出が出来るので、多少はそれを楽しみに仕て居たやうであったが馴れゝば何の奇もなくなって、近頃では初めの中のやうに外出を楽しまなくなった。斯うして目色毛色の異《かわ》った四百余名の大家族が、明け暮れ殆んど判古《はんこ》で押したやうな生活を続けて来る中に、時の流れは容赦なく推し移って既に四度目の正月を彼等の上にも送らうとしてゐるのである。

大正七年四月には則武の日本陶器へ三十五名が労役に出ており、朝日鍍金《めっき》や斎藤鉄工場などを含めて五十名を上回るようになった（十七日「新愛知」第五面）。また名古屋製陶所にも五十名が従事した（同年六月十六日「新愛知」第四面）。

要するに、彼らはおよそ塀の中に閉じこめられるという暗い拘留生活を送ったわけではなかった。絵葉書になった製作品展覧会もそうした位置づけの催しであり、大戦終結に至るまで五年以上もの長い日本抑留生活のうちに製作した各種の機械製品（鉄道模型や洗濯用乾燥機・ヨット模型・蒸気機関など）や絵画作品の展示、器楽演奏、俘虜自家製の洋菓子やパン類の即売、ドイツ料理の提供など、ドイツ文化を紹介する多彩なイベントを開いたのである。

この製作品展覧会を開催するに至った経緯は、『名古屋俘虜収容所業務報告書』（大正九年第三師団司令部刊、名古屋市市政資料館所蔵）に細かく記録されている。

そもそものきっかけは、約五年にもわたる収容所生活の中で彼らの高い技術が注目を浴び、機械製品や精巧な模型を作るたびに新聞で大きく報道されたことにある。特に大正八年に入ってからは、講和条約締結の機運が高まったこともあって、収容所の参観を希望する者が増大していった。これが収容所の運営管理上に支障を来すようになったため、その対応策としてとられた措置が展覧会の開催であった。業務報告書には次のように記される。

廃物利用　所内ニ於ケル俘虜ノ製作品ハ、其ノ多クハ廃品ノ利用物、若クハ彼等ノ豊富ナル学術智能ノ結晶ニシテ、其ノ種類ハ実ニ千差万別、一々枚挙シ難キモ、玩具、文房具、各種機械類ノ模型、楽器、洗濯機械、小型蒸汽機鑵、各種ノ絵画彫刻物、家具類ニ到ル迄、種々ノ研究考察ヲ廻ラシ、孜々汲々トシテ、不撓不屈製作ニ従事スル様ハ、実ニ敬服ノ外ナク、其ノ成品モ亦独逸式ノ精巧堅牢ヲ発揮シ、成品全部ハ当地附近諸学校、会社共参考品トシテ、若クハ当所参観者ノ記念品トシテ、殆ト実費ヲ以テ希望者ニ頒布セリ（中略）

開会ノ動機　大正八年、講和条約ノ締結セラル可キ気運日ト共ニ濃厚トナルニ従ヒテ、独逸人ノ特長ニ就キ、真面目ニ研究セントスル動機ヨリ、俘虜収容所ノ参観ヲ乞フ者漸次増加シ、爲ニ事務進捗ニ妨害ヲ與フルコト多大ナリキ、

是ニ於テ、此等参観者ノ希望ヲ満足セシメ、且所務ノ繁

忙ヲモ一定期日ニ限定セシメ、合セテ地方為政者、教育家、商工業者ニ有利ナル参考ヲ與ヘ、以テ独逸俘虜ノ技能ヲ、一般人民ニ成ルヘク広ク普伝セシムルノ途ヲ開カン爲メニ、大正八年六月二十二日ヨリ九日間、名古屋市中区門前町愛知県商品陳列館ニ於テ、俘虜製作品展覧会ヲ開催シ、一般地方人ヲシテ、俘虜製作品ヲ縦覧セシムルコトヲ、得セシムルノ計画ヲナセリ

こうして具体化した展覧会の開催にあたっては、まず遵守すべき開催規定を作成し、それにもとづいて、俘虜将校の中から二名をその準備とりまとめの任務にあたらせた。またその下に将兵の中から準備委員五名を選出して材料や製作器具の購入、出品物の整理、運搬、会計事務、会場の設営などにあたらせた。一方地元名古屋側も開催にあたっては側面からの協力を申し出た。例えば、電車を運行する名古屋電気鉄道は、展覧会会期中、会場での立会任務に当たる俘虜の便を図るために電車回数券十冊を寄贈し、また展示品の運搬のために市内の二企業（服部紡織およびいとう呉服店）がそれぞれ荷物自動車を一輌ずつ三日間無償で提供した。

展覧会場には、商品陳列館正門玄関を入った一階右手の二室があてられ、まず第一室の製作品展示室には販売（開期中購入を申し出た希望者に閉会後代金と引換に払下）される絵画九十点、機械器具模型五十六種、木製家具装飾品及玩具化粧品百二十三種、手工品二十二種、広島の似島《にのしま》俘虜収容所出品五種が展示された。次の第二室には売品の他、非売品の設計図二十四種、機械三種、ドイツ人生活参考品、同じく各種統計表を展示した。

さらに正面最奥の一室は音楽演奏室兼即売場にあてられ、会期中毎日時間を決めて、ドイツ人俘虜による音楽演奏会が開かれるとともに、俘虜が調理した一品料理が提供されたり、地元名古屋の山本菓子店が売店を経営して、同店が雇い入れた俘虜製造による麺麭《パン》、菓子、飲料、腸詰「ハム」、そして記念の絵葉書などを販売した。また、会期中は製作品の予約注文も受けている。これに加えて、観覧者へのサービスとして、会期中毎日通訳と俘虜が交代で会場に詰め、来場者の求めに応じて展示品の解説にあたった。新聞記事中の「俘虜が曖昧な日本語で語るのも面白く」とは、このいわばギャラリートークを評した感想である。

こうしたドイツ人俘虜による製作品展覧会の開催は、市民に非常な関心を呼び、わずか九日間に約十万五千人とい

う驚異的な観覧者数となった。大正八年度の商品陳列館における総入場者数は四十二万人余であったというから、その四分の一をわずか九日間で集めたことになる。この展覧会には市内のみならず、広く近県や関東・関西方面からも観覧者があったという。業務報告書には開期中の各品目別の売上高も記され、その結果として計上される数値はなかなか興味深い。

開会期間九日間の総売上高ハ六千九百余円ニシテ其内訳
左ノ如シ

品種	売上高
俘虜製作品	三、七二四円四〇（銭）
俘虜一品料理	五六六円六三
菓子	五〇二円六五
腸詰	四八一円五四
麺麭	一、五一五円〇〇
絵葉書	一五七円八五
総計	六、九四八円〇七

報告書によれば、展覧会終了後も、売れ残った展示品や予約品を販売し、その総額は優に八千円を越したという。

それにしても会期中のパンの売上高が全体の二割を越すというのは、驚異的な好成績ではないだろうか。それだけ、本場ドイツ流のパンが話題となって、期間限定のにわか人気が出たからなのだろう。もともと堅めのドイツパンがそのまま日本人の口にあうとは思えない。が、収容所への入所当初、師団司令部が調達した日本のパンがおいしくないので、俘虜自らパン焼き窯を築造し、経験豊富な兵士がパン焼き製造の「軍隊自炊」をおこなったくらいであるから、当時の日本の製パン技術が遠く本場には及ばなかったことは事実であろう。

　現在伝わる十枚の絵葉書は、この時、この会場で販売された絵葉書と考えられる。少なくともドイツ語による二枚の絵葉書は俘虜自作のものであり、そのデザインとして、一枚には俘虜の収容地である名古屋城天守閣を、もう一枚には海兵隊に縁のある意匠としてヨット模型を選んでいるのである。展覧会場には海兵隊らしく、セーラー服姿の兵士が立っていたり、絵画や機械製品の展示品、玄関を入ってすぐの展示会場入口の様子、毎日開かれる演奏会、そして「桜パン」の幟や「山本菓子店」の看板の掲げられた売店の様子など、この展覧会の様子が手にとるようにわかる。

幸いにして、この展覧会の会期中にようやく大戦終結となり、パリのベルサイユ宮殿で講和条約が締結された。教科書にも登場するベルサイユ講和会議であり、これが第一次世界大戦後の政治体制を決定した。そして同年末の十二月二十五日、まさにクリスマスのその日に、ドイツ人捕虜たちの第一陣が、めでたく名古屋から祖国へと旅立って行った。当初、人数に比して手狭な東別院に仮収容されてから、すでに五年以上の歳月が流れていた。入所からしばらくして後、本格的な新しい収容所が建てられて、彼らが長く収容所生活を送った地が、現在の県立旭丘高等学校の敷地である。最終的に、収容人員は五百名を越すまでに膨れ上がっていた。ドイツ人俘虜たちの帰国に際して、名古屋市当局は記念品として七宝製襟針（ネクタイピン）を贈呈した。彼らにとってはまさに聖夜の贈り物であった。

しかし、多くの将兵が本国へ帰る中、諸般の事情で日本に留まる者も少なからず存在した。そうした人物の名簿が帰国に先立つ二週間ほど前、十二月十日付新聞「新愛知」第七面に記されている。もともと日本国内で貿易や商業に従事していた者たちが多かったのであるが、在留者十五人の名簿の中に「知多郡半田町　敷島製粉会社　フロインドリーブ」という人名が記される。

そして、この名前は収容所業務報告書にも同様に記載されており、新聞記事はこの軍当局の記録が元となったと思われる。ただし、報告書の記載人数は計二十名であり、その「日本領土内雇傭成立俘虜状況表」の最末尾、第二十番目に彼の名が記される。

「階級姓名同（＝兵卒）ハインリヒ・フロインドリーブ
職業　麺麭及菓子製造　雇主　愛知県半田町敷島屋製粉工場」

この「敷島屋」なる製粉会社は知多半島小鈴谷の盛田酒造出身の盛田善平が経営する会社であった。彼は小麦の製粉技術を活かすことを考え、同大正八年末の十二月二十七日、名古屋市東区白壁に新たに製パン会社を設立した。現在はブランド名をパスコに統一した敷島製パンである。フロインドリーブ（同社社史ではフロインドリープ）はその技師長として招聘されたのであり、名古屋にうぶ声をあげたベンチャー企業に本場ドイツ流の製パン技術をもたらしたのである。会社の経営が軌道に乗った数年後、彼は技師長の職を辞し、神戸へ移り住んだ。貿易港として外国人の多い神戸で自らのパン屋を開くのが彼の希望であった。そし

50　名古屋俘虜収容所俘虜製作品展覧会（於商品陳列館）　観覧者に混じって俘虜のドイツ人兵士がセーラー服姿で立つ。名古屋へ収容された多くは海兵隊員であった。会期中毎日、たどたどしい日本語で展示品の解説もおこなった。

51　名古屋俘虜収容所俘虜製作品展覧会（於商品陳列館）　音楽演奏会場を兼ねた即売場で、ドイツ軍兵士が焼いたパンや洋菓子を販売した。裏を向いている旗は敷島屋製粉会社のもので、山本洋菓子店（現・ボンボン）とともに、この当時から関わりをもっていた。

てこの後、彼は生涯を日本で過ごし、本国へ帰ることはなかったという。

歴史に「もし」は禁物である。しかし、彼は徴兵されなければ、青島に赴任しなければ、名古屋で収容所に入らなければ、パン職人でなかったなら…。全国有数の製パン会社が名古屋に育つことはなかったのではあるまいか。展覧会の会場風景を含む全部で十枚の絵葉書には「櫻パン」と銘打ってドイツ人将兵がパンや洋菓子を即売している光景が写っている。裏返っている旗の部分をデジタル画像におきかえて反転したところ、そこには「敷島屋製粉会社」の文字が映っていた。会社設立の半年以上前から盛田善平は彼らドイツ兵と関わりをもっていたのである。そして、そこに写る売店を請け負った山本菓子店は、店の名が「ボンボン」と変わったが、現在でも名古屋市内東区東片端で洋菓子店と喫茶店を経営されている。

一九一九年から九十年。ボンボン店内には今もなお、洋菓子店の壁に当時のドイツ人俘虜の写真がかかっている。絵葉書と同様に店頭にドイツ兵が立つ姿の写真と、カイゼル髭もいかめしいドイツ兵とともに羽織袴姿の店主山本五郎氏が一緒に写る写真である。彼らはかつてこの山本菓子店に勤めていた職人か、あるいは通訳として働いていた兵士だろう。兵士一人一人の名前は定かではないが、ドイツ人俘虜たちが五年以上もの長きにわたって名古屋に滞在した、その厳然たる歴史をそのままにとどめている。そしてこの絵葉書もまた、一世紀近くになろうとする長い歴史のほんのちょっとしたきっかけを、確かな記憶として私たちに伝えているのである。

言葉の響き

少女も歳月が経てば

これは名古屋のとある場所、甲さんと乙さん二人の会話である。いったい、いかなる人物が話を交わしているのか、まあ、役者が台本に目を通しているつもりで、声を出して読んでみていただきたい。それはちょっと気恥ずかしい、というお方は、心の中で読んでみてください。情景が浮かんでくれば、おおよその祭しがつくというもの。ええ!、まさか! そのまさかが、名古屋弁の真骨頂。

甲 ○○さん○○さん 今度、イリヤータ平山先生、テヤ、ヨー、いッじが悪いぜー、わし、キッツキライ

乙 ソーギャイ、前の河合先生、テヤ良かった、ナー

甲 ホウン、わし、清水先生も、すき、内《うち》の兄様《にー》と仲が良いわ、ナー、内へは、ヘット(やたら)に居りヤーセンガ、ヨー、たまには御座るぜー

乙 草場先生も、ヨー、いひが、あの人はナー、ひいきびいきが有って、いかんわ、ナー

一頁めくっていただければ、答えは一目瞭然である。今で言うなら中学生か高校生くらい。昔は女学校と呼んでいた頃の、花も恥じらう乙女たちで、ファッショナブルな女学生二人の会話である。現在でも、プライベートな場面で同年代の女の子たちが、こうした名古屋弁を使っているのかどうかはよく知らない。が、仮によそから来た人がこのような場面に遭遇し、目の前で実際に会話を耳にしたら、たぶんあっけにとられるであろう。そして、もう一点。「キッツキライ」は今風に表現するならば「チョーキライ」である。なんと昭和初期のごくわずかの間しか用いられなかったギャル語なのだということが判明した。地下鉄の車内などで耳にする現代の女子中・高生たちの会話も、メタボなオジさんには、意味不明、理解不能の語彙がポンポン出てくるが、昔の女学生だってなかなかのものである。

この絵葉書は《名古屋言葉》と題して発行された企画物絵葉書シリーズの一枚である。発行者は菊花会となっているが、一輪の白菊を「菊印」と称して、宛名面の切手を貼る欄に刷り込んでいることから、名古屋の絵葉書製造販売元兼卸問屋としては大手であった菊花堂の製品だったことがわかる。詳しく調べたところ、記録上は各シリーズが四枚組で、第一集から第四集まで発行されていたことが判明した。また、第一集に昭和五(一九三〇)年営業開始の名古屋市営バスが登場するので、同年以降発行のシリーズとして、おおよそ昭和初年代もしくは一九三〇年代頃の様子を反映する作品と理解して差し支えないだろう。しかし現在までに、同シリーズに含まれる絵葉書として、少なくとも十九種類の図様を確認している。このことから第四集に引き続いて第五集も発行されたという可能性を否定できない。この女学生二人の会話を記す一葉もその一つであり、

52　《名古屋言葉》女学生二人の会話　シリーズ物絵葉書の１枚。名古屋城が一般公開される昭和6（1931）年２月11日の新聞「新愛知」に、名古屋の絵葉書問屋菊花堂がこの日にあわせて各種絵葉書を用意した記事が載り、この会話もそのまま記事となっている。

名古屋弁の面目躍如といった感にあふれた絵葉書である。

いわゆる方言を題材にした絵葉書は、言葉絵葉書とか方言絵葉書と呼ばれ、一種特異なジャンルを形成していた。東北各地や南九州など、とりわけユニークな方言を取り上げた絵葉書が多いことは事実であるが、その一方でべらんめえ調の東京下町言葉を題材にした絵葉書や、大阪市内の名所を大阪弁そのままの口調で解説する絵葉書も存在する。名古屋の言葉絵葉書も老若男女、さまざまな場面設定で庶民生活の一断面を捉えており、言葉を視覚化するという思いもしない発想によって、イラストと会話のコラボレーションを作り上げ、アイデアにあふれた味のある作品に仕上がっているといえよう。

この絵葉書からは、十年以上さかのぼるが、大正六（一九一七）年六月二十日付新聞「新愛知」第五面に次のような記事が記載されている。二段組扱いでいささか記事の分量も多いのであるが、名古屋の子どもたちの言葉遣いに関して、考えさせられることの多い記事なので、そのまま全文を紹介する。

●使って悪い言葉　小学校の生徒達は、先生の教へで折角言葉を直さうと思っても、家庭で叱られたり、冷評されたりする

▽名古屋市の　小学生徒の使って居る言葉の中には非常に悪いのがある、殊に東、西、南区の場末から通学する児童の言葉と云ったら殊更に悪い、そこで各小学校でも如何《どう》かしてこの悪い言葉を止めさせたいものであると色々協議した結果、此程《このほど》学校で

▽生徒の使っ　て居る言葉の内、悪いと思った言葉だけを集めてこれを印刷にして家庭に配布した、其使って

悪いと云う言葉を参考の為に挙げることにする
おまいさん、おみやあさん、きさま、てまへ（あなた）、しやあした（なさった）、やつら、あいつら（あの方達）、あのよー（あのね）、えーか、いーか（宜《よ》いか）、つけやあした、つけやーたぜ（附けなさった）、ござった（お出《いで》なさった）、いひなはる（云ひなさる）、みやあ（みなさい）、やりやあ（しなさい）、あすびやあすか（遊びなさいますか）、なにこく、なにこきやがる、なつきやんだあ（何を云ひなさる）、みてけつかれ（見て居《い》なさい）、いこせ、ちよんか、ちよう、かしや（下さい）、いりやあ（お出なさい）、やろか、やろみやあか（やりませう）、しよまいか（しませう）、いきやあがあ（行《ゆ》きませう）、しらんじよ、しらんぎやあ、しらんぞ（知りません）、あれせん（有りません）、だいた（だしました）、わし、おら、おれ（私《わたくし》）、やい、あいつ、やつ（あの方）、あのな（あのね）、やりやがる、やっとる、やったれ（行《い》りなさる）、まっとれ（待って下さい）、うん、ほん、ほうか（はい）、ほうきやあ（左様《さよう》ですか）、だあ、だがあ（ですか）、いやだわい（いやです）、たべるのきやあ（食べるのですか）、だちかん、いかすきやあ（だめだ）、えれて（入れて）、うそうっそ、うんね（いいえ）、いんぴつ（鉛筆）、きりもん（着物）、じより（草履）、うっそだぎや（違って居ます）、いこまい、いかんす（行きませう）、いかんじよ、いかんぎやあ（いけません）

▽**右に就いて市** 内某尋常小学校長は語る「小学校生徒の言葉の矯正と云ふ事は、名古屋市教育界の問題となって居るので、学校では極力之が改良に努めてゐるが、中々一朝一夕では矯正されぬ、学校では以前から悪い言葉だけ書き出してこの言葉だけは

▽**絶対に使っ** てはならぬと云って居るから、学校の内では割合に宜《よ》い言葉を使って居るが而《しか》し、一歩学校の門を出ると直《す》ぐに「おいこら」てな調子の言葉を使ふ、また中には家に帰って「あのねお母さん」と云ふ様に、学校で教へられた言葉でも使って居ると、父兄等は

▽**生意気だと** 云って頭から叱りつけたり、冷評《ひやか》したりするので、子供は仕方なく「ナモおっかはま」とやる、かう云ふ工合で、折角直りかけた子供の言葉も家庭で破壊されて了《しま》ふのだから、どうしても家庭で充分なる注意が払って貰ひたいのである」云々《うんぬん》と

振り返って考えるに、我が家に白黒テレビがやってきて目を見張った昭和三十年代、自分が小学校に通っていた頃のことを思い出してみても、確かに、学校でくどいように「きれいな言葉を使いましょう」と先生から言われ続けていた記憶がある。何がきれいで、何がきれいでないのか、

それははっきりしないのだが、話し言葉は常に変化し続ける、いわば「生もの」である。とりわけ十代の若者にとっては、新語や略語・造語を口にすることは、体の新陳代謝と同じ皮膚感覚なのだろう。まるで我が身の一部であるかのように、魅力的で、かっこいいことなのである。だからこそ、学校側は躍起になる。学校での「きれいな言葉」運動のスローガンは、はるか昔から連綿と受け継がれている、教育的配慮という名のＤＮＡそのものなのかも知れない。

記事中に列記された「使ってはならない」言葉の中には、今でもよく耳にする、ということはよく使う名古屋弁の語彙も少なくない。先の女学生二人の会話でも「イリヤータ」「ホウン」「ヨー」「ワシ」等々、みんなレッドカードである。かっこ書きはおそらく標準語（ないしは共通語・東京語）のつもりであろうが、いったい誰に向かって発する言葉なのか、それぞれのニュアンスがまるで正反対と言ってよいものさえある。要するに、標準語に直せば、語感はおよそ似て非なる言葉になってしまうのである。

大正六年当時の名古屋市域は四区制であったが、現在の区域とはかなり異なり、今の中・東・熱田区に西区の一部隣接地域を加えたごく狭い範囲であった。文中の「場末」とは、今ならいささか不穏当ではないかと思われる言い回しであるが、おそらく旧城下＝碁盤割地域の周辺部で、明治以降市街化した区域を暗に指しているのであろう。碁盤割の言葉は一般に現在名古屋弁と言われるものと微妙に異なり、大店《おおだな》の奥方などが用いていた「上町《うわまち》言葉」とも称される言葉であった。語尾におっとりとした「ナモ」が軽く付き、聴いていて耳にまろやかに響く上品な言葉であった。そうした上町言葉を、現在ではめったに耳にする機会もなくなったのは残念なことである。

こうしたことから、現在の名古屋弁はほんとうは尾張弁なのだとも言われるのであるが、確かに生きのいい、というか野生味のある野太い言葉遣いである。東京弁のように、格好をつけて妙にすました感は残念ながら、かけらもない。一時、テレビ番組で「エビフリャー」と某有名タレントに揶揄《やゆ》された名古屋弁であるが、日本に冠たるジョークタウン・ナゴヤはこの程度のことでは、びくともしない。いまや「なごやめし」は名古屋観光の最大の売りになっているとも言えるくらいの勢いである。

あつあつの味噌煮込みを食べながら、あるいはひつまぶしや味噌カツ、天むすをほおばって「うみゃー」と一言声を上げるのも今やクールなのである。

　ここで筆を置こうとしたら、先の女学生がその後晴れて結婚し、すっかり奥方として落ち着いたならば、正にかくやあらんと思える記事に出くわした。これは書かずにはいられない。大正六年一月十四日付「新愛知」第四面、最下段左隅の小さなコラムである。ところは、松の内も過ぎた栄町のいとう呉服店。誰もが紳士、淑女然として入る三階の休憩室である。調度品も豪奢、室内は優雅な雰囲気に包まれている。演舞室の方からは軽やかなピアノの音が流れてくる。

53　《名古屋言葉》叔母と姪らしき女の子との会話　同じく菊花堂のシリーズ物絵葉書の１枚

●走馬燈　十日の丁度正午《おひる》頃であった、伊藤デパートの三階の休憩室へ、三十近くの丸髷に結った二人のお細君が、フイと這入《はい》って来て、先づ椅子に腰を下ろした、其の時、二人の眸《ひとみ》は異様に光って、卓上のビスケットにそゝがれた、

△二人は猿の様《よう》な素早さをもって、ビスケットを頬張った、そして一人の方が云った、

『此のビスケットは何程《いくら》食べても只《ただ》だげなナモ』

と、他の方が

『ソーキヤーモ、伊藤サン金持だけあって、却々《なかなか》エライナモ』

△最後に二人は象の鼻の様《よう》なド太い腕をニユーと現すと、

『子供の土産に、少し貰ってコマイ』

と掌《てのひら》を一生懸命一杯に拡げて、菓子皿のビスケットを掴《つか》んで、傍《そば》に居る客に盗猫《ぬすとねこ》の様なずるい一瞥《べつ》を投げて出て行った、

　記者氏はよほど唖然、呆然、そしてこれを書かずにいられなくなったのだろう。その気持ちはよくわかる。《少し貰ってコマイ》二十一世紀のいま読んでも、つくづく、名古屋だなあ、と思う。しかしこんな奥方も、親類縁者にかわいい女の子でもいれば、たちまちやさしい叔母さんに変

身する。次は冒頭と同じ《名古屋言葉》絵葉書シリーズの一枚。叔母さんと姪らしき女の子との会話である。

◎甲　おばさん　わショー　おっか様と御坊様《ごぼ》（東別院のこと）へ御詣りにいって来るウヱー
◎乙　マー　定様たいへんヤツイテ　いリャータナーモ
　　ダイツナおべいを着て　イ丶ナーモ
　　今度おばさんが広小路へイリャース時　かして
　　チョーヨ、イカ
◎甲　おばさんテヤ　ターケだナー　小さくてきられセンワイモ

《ターケ》は「戯《たわ》け」。これが極端に走ると《クソタワケ》となる。子どもは大人が思っているほど子どもではない。こうしたお定坊のような女の子が、長じて先の女学生になり、果ては、いとうデパートでビスケットをわしづかみにする細君になるのである。

《ターケだナー》これもやっぱり、名古屋だなあ、と、つくづくそう思う。こんなことを書くと、名古屋ネイティブの人からお叱りを受けるだろうか。

遙かなる女子アナへの道

大正十四（一九二五）年、日本でラジオ放送が始まった。それまでは新聞、雑誌、絵葉書など、紙媒体の情報メディアのみであったから、情報を一瞬にして電波で日本全国に伝えるラジオ放送は画期的なことである。時報もこの時始まり、以後、時計の時刻を正確にあわせることができるようになった。名古屋で本放送が始まったのは七月十五日午前九時三十分のこと。コールサインはＪＯＣＫで、現在のＮＨＫ名古屋放送局の始まりである。当時の放送局（演奏所といった）は、西区南外堀町六丁目、郭内三の丸西南部で現在の愛知県図書館付近から丸の内中学校あたりの位置である。しかしながら、当初の出力は一キロワットという小さなものであった。

耳で聴くというこの新しい情報メディアに、当時の人々はたちまちとりこになったようである。本放送を開始したばかりの番組編成を新聞で調べてみると、毎日が試行錯誤だったようで、放送時間が一定していない。初日、七月十五日の特別編成は別として、夕方の午後四時から三十分だけ放送してその後はしばらく休止。午後七時に放送を再開して午後九時頃には終了している。日によっては午前中も放送したり、昼前から午後三時半頃まで放送したり。ニュースや時報もあったりなかったり。音楽番組がほとんどをしめる中に、試験的に株価や物価を伝えたりと、手探り状態だったようである。時報も、日中は放送休止の状態だったから、どうも放送終了時の午後九時だったと思われる。それでも、放送開始一週間で、東京の府立四中では勉強の妨げになるとして「ラヂオ聴くべからず」の厳禁令が出た。名古屋の新聞でも大きく伝えるのは、それだけラジオの出現が国民にインパクトを与えた証拠でもある。この年、急に高まった日本のラジオ熱に、不況で在庫の山となっていた米国から大量に輸入して売りさばいたというから、ラジオのアンテナが各所ににょきにょきと立っていったことだろう。当時洋楽を聴こうと思えば、生演奏を聴くか、高価な輸入レコードを聴くしかなかった。日本国内で洋盤レコードをプレスするようになるのは、昭和に入ってからのことである。ラジオさえ設置すれば、居ながらにして音楽が耳に聞こえてくるのだから、これは画期的なことである。

54　JOCK 放送開始一周年記念　懸賞募集一等当選漫画　名古屋中央放送局（現・NHK 名古屋放送局）が開局一周年を記念して公募、当選した漫画を絵葉書としたもの。開局してたちまち、国民はラジオのとりことなった。

本放送を開始した翌年、大正十五年八月二十日には東京、大阪、名古屋の三局が合同して社団法人日本放送協会を組織し、それぞれ中央放送局となった。名古屋中央放送局は開局一周年を記念してラジオ普及の懸賞デザインを募り、優秀作品を絵葉書としている。幼い男児がヘッドホンを着けてラジオ放送に聞き入る写真の他、鉛筆画の藁葺き農家に高いアンテナを描くスケッチには「アンテナの立つほど平和の村となり」の標語をいれたデザイン画や、嫁入り行列の漫画風イラストには「長持タンスの数よりも、家庭和楽を第一に、ラヂオ持参の花嫁御、お鼻の高い花嫁御」という軽やかな七五調のキャッチフレーズをいれたものなど。これは、新時代の嫁入り道具にラジオをとの宣伝である。後年、終日つけ放しにして警戒警報、空襲警報に耳をそばだて、まもなくして無条件降伏の玉音放送を聞く世の中になると、いったい誰が予想したであろうか。

ところで、東京府立四中のラジオ禁止記事が載った同じ日に、名古屋放送局のこんな記事も載っている。大正十四年七月二十三日付「新愛知」第五面から。なぜラジオの話をここで取り上げたかが、おわかりいただけます。

●名古屋のアナウンサー　東京で募集

ラヂオの放送係りアナウンサーの言葉は、正確な標準語を必要とすると云ふので、「オキアセ」言葉の名古屋放送局では、江戸ッ子言葉の生粋な処を東京から輸入すべく、東京の新聞にアナウンサー募集をやった、募集取次は愛宕山の東京放送局で、募集初日の正午迄に同放送局へやって来たのは、金ボタンの大学生が二人、水色スカートの捌きあざやかな踵高《かかとだか》の洋装美人が一人、他にも二人と、失業した勤め人風の男が来た、何れ名古屋から放送局の人が来て、此の応募者に試験をするだらうとの事である（東京）

さきの絵葉書に登場したお定坊にしても、また女学生にしても、いわゆる《名古屋嬢》はラジオ持参の花嫁御になることはさして困難なことではなかったであろう。エリカザリといって、名古屋は花嫁道具を近所に披露する土地柄である。しかしながら、生まれ育った土地で身に付いた言葉からは、容易に逃れられない。《ワシヨー》で始まり、《オキアセ》（「やめなさい」という意味）で終わる《名古屋嬢》が、マイクの前に立つ女子アナへ変身する道のりは、はるかに迂遠であった。ところで、女子アナ第一号となった名古屋嬢は誰なのであろうか。ちょっと知りたいものである。

55　《名古屋言葉》第壱輯包紙裏面　名古屋名物方言競（1930年代）

第3章 都市観光のモダニズム

56　吉田初三郎原画《名古屋名勝》より　雪の豊国神社　（1930年代）　中村公園内豊国神社の雪景色を描く。温暖化でこのような景観はめったに見られなくなった。

祝祭の時空

博覧都市NAGOYA

《明治四十三年第十回関西府県連合共進会》

関西府県連合（当時は「聯合」と表記した）共進会は明治十六（一八八三）年を初回とし、大阪府主催で一府十六県の参加によって開催されたのが始まりである。その後三年ごとの開催を目指したが、実際には二年ないし五年の間隔で、西日本各県の持ち回りで開催された。第九回が三重県津市で明治四十年に開催された後を受け、同会参加府県の要請によって愛知県での開催が企画された。開催の予定年となる明治四十三（一九一〇）年は、名古屋においてはちょうど開府三百年にあたる年でもあり、公園予定地であった鶴舞を共進会の会場とし、埋め立て整備がはかられることになった。この経緯はすでに述べたとおりである。

参加府県も従来の関西地方二府二十県に加えて関東一府八県の参加を得、九州・東北・北海道を除く三府二十八県まで広がった。さらに連合外の非参加県に対しても参考出品を求めたため、共進会と称しているというものの、実質的には全国規模の内国勧業博覧会に近いものとなった。以後の共進会は、中央官庁の意向によって部門別の小規模なものに縮小されたため、博覧会に類する大規模な共進会は、この名古屋が最後となった。

出品区分も第一部第一類の玄米から第十部第九十一類の実用新案登録品まで体系的に整理され、それに第十一部として参考品が加えられた。出品点数は合計十二万九千七百六十六点となり、この点でも共進会としては最大規模であった。こうした出展に対応するため、会場には本館、機械館、特許館などの建物が用意されたが、来場者娯楽用の「余興場」として舞踊館、旅順海戦館、天女館なども設けられ、また、夜間は電飾によるイルミネーションも灯されて一大娯楽場ともなった。閉会が近づくにつれて、次第に夜間入場者が増えていったことからも、産業振興一本槍から文化的なイベントとしての性格が次第に色濃くなっていったことがみてとれる。路面電車に電灯といった、電気の恩恵をまさに近代文明の一大利点として、市民にも、遠

57　第十回関西府県連合共進会（噴水塔及各県売店ヲ望ム）　広告塔から南方の売店街を遠望する。中央の天守閣は名古屋城を模した愛知県の売店。手前の噴水塔は今も公園に残る。

来の観客にも、現実の光景として眼前に示したのである。

三月十六日を初日とする九十日間の会期に入場者は二百六十万人に達し、全国からの出品物に名古屋の人々の目を向けさせる絶好の機会となった。会場敷地である鶴舞の地は、精進川改修工事で生じた土砂で埋め立てをおこない、新堀川開削と博覧会敷地造成を連動させる都市計画整備が進められた。こうした点からも、その後、名古屋が産業面でも、都市基盤の整備の点でも、大きく発展する契機となった事業であったことは論を待たない。各方面で近代化を進める名古屋にとって、この共進会はより一層の飛躍をはかる重要なターニングポイントとなったのである。当時の新聞に載った共進会の記事を少しじっくりと眺めてみよう。前年開園とは名ばかりの公園入口には玄関の表札ともいうべき扁額を用意することになった。あわただしく準備が進む開催直前の様子である。

●鶴舞《つるま》公園の扁額（二月三日「新愛知」第二面）

名古屋市鶴舞《つるま》公園正門前の中央線鉄橋の横腹《おうふく》に掲ぐべき、桂侯爵（＝桂太郎元首相）揮毫の『鶴舞《つるま》公園』と題する大扁額（一字方三尺）は、初め七宝にて製作する筈の処、今回青銅を以て製作するに変更し、中区鉄砲町岡《おか》

谷《や》鉄店《てつみせ》にて鋳造することに決したりと

▲**噴水塔の工事**（三月六日「新愛知」第一面）

会場正門前なる噴水塔は永久的保存すべき目的にして、総て石工《せきこう》より成り、昨年十月着工以来専ら竣工を急ぎつゝあるも、何分大工事の爲め、予定の期日に遅れん事を杞憂《きゆう》せしに、昨今非常に進捗《しんちょく》し、既に花電気の据ゑ付け、及び水源となすべき広告塔内井戸堀工事に着手し、一両日中には広告塔内にセントリビユガル喞筒《ぽんぷ》を仕掛け、電力を以て七十尺の高さにある水槽に吸水し、夫れより鉄管にて噴水せしむと云ふ大仕掛なるが、茲《ここ》数日中に該噴水の試験を行ふ筈なりと

▲**奏楽堂の試演**（三月七日「新愛知」第一面）

昨六日の日曜日を卜し、場内奏楽堂に於て奏楽の試演あり、加藤市長、高橋紀念会事務長及び名古屋音楽会の選手十六名会場に至りたるが、選手は金筋及び市の丸八を入れたる揃ひの帽子を冠《かむ》り、新式になる立襟燕尾服と云ふ扮装《いでたち》にて、午後一時五十分一同着席し、直《ただち》に開演したれば、嚠喨《りゅうりょう》たる妙音場内に響き亘《わた》り、同四時頃終了したるが開会の上は是等の選手二十名或は十九名を以て昼夜演奏する由、また選手は二三名を除くの外、何れも多年海軍音楽隊にありたるものなりと

扁額の記事にあるとおり、「鶴舞公園」の正しい読み方は《つるま》である。同様に「鶴舞中央図書館」も《つるま》である。これに対して、昭和十二（一九三七）年開業の現ＪＲ鶴舞駅と地下鉄鶴舞線、鶴舞駅は《つるまい》である。地下鉄が開通する際に、《つるま》か《つるまい》かいったいどっちだと、名古屋市会で議員が当局に迫ったことがある。後に名古屋市博物館の初代館長をつとめた当時の浅井助役は、「地元では《つるみゃあ》とよんどります」との意表を突く名答弁で切り返し、爆笑の内に審議を終えた。今では漢字表記に引きずられている感が強いが、本当のところは知っておいた方がよい。扁額は開会直前の三月十四日、無事所定の位置に掲げられた。

噴水塔も奏楽堂も恒久施設として閉会後も残る建築であり、それだけに準備は手抜かりなく進めねばならなかった。この当時はまだ、名古屋市内には上水道はなかったため、噴水用の水タンクを高い広告塔の中に設けなければならなかったのである。噴水の高さは水圧で決まる。明治、大正期の博覧会ではこの噴水塔と奏楽堂は一対となって、東京大正博覧会（大正三年）でも、平和記念東京博覧会（大正十一年）でも、必ずといってよいほど設置されている。水

の自在な運用と野外での洋楽演奏は会場のシンボル、文明開化の博覧会であると来場者に思わせるための必須の装置であった。奏楽堂では開催中毎日、曲目を変えて十曲ずつ演奏され、その曲目は当日の新聞であらかじめ告知された。

いよいよ共進会が開会するという当日、三月十六日の新聞「新愛知」第五面には、紙面全部を使って共進会と名古屋近辺の遊覧先をガイドする詳細な案内記事が載った。まずは、来場者用の共進会会場の案内記事から。

共進会と遊覧地　第十回関西府県連合共進会は、愈々《いよいよ》本日より開催せらるべく、観覧者は四方遠近より名古屋市に群来すべし、今共進会観覧者の爲に観覧の栞を説くは必要たると共に、此機会に於て名古屋市を視察せんとする他地方人の爲に、市の内外重《おも》なる遊覧地を紹介するは極めて緊要なるべし、いでや、名古屋の三玄関たる名古屋、熱田、千種の三駅を発途として筆を起さん。

▲共進会場への電車賃

△名古屋駅より七区　金八銭（通行税共）

但熱田行に乗れば上前津町にて乗替

千種行に乗れば栄町及上前津町（＝新栄町の誤りか）にて乗替

△千種駅より四区　金五銭（通行税共）

但し新栄町にて公園行に乗替を要す

△熱田駅より八区　金九銭（通行税共）

但し上前津町にて公園行に乗替を要す

▲共進会場への人車《じんしゃ》賃

△名古屋駅より　一里　金二十銭以内

千種駅より　十四町　金十銭以内

熱田駅より　一里十丁　金二十四銭以内

●共進会案内　共進会を観る人が鶴舞公園前の電車停留場に下車したりとせば、桂侯揮毫の扁額を掲ぐる鉄橋下を潜りて、会場正門の広場に立つべし、広場の右方には鯱池を固める小庭園の奥に大観亭の建物あり、左方には鉄道営業所、郵便局、通運銀行等の出張所あり、正面には永久に保存せらるべき貯水塔聳え、其側なる広告塔の水槽成工せば水声晴々、飛沫に彩虹を映ずるの奇観を見るべし。

進んで正門に抵《いた》れば、左右に蟹の眼玉の如く突出せる二個の建物あり、是れ入場券売場及び手荷物預所なり、切符を買ふて正門に入れば、門内に飛翔せる女神像を仰がん、行抜くれば直ちに庭園に出づるも先づ左に曲りて

▲本館　に入るを順序とす。即ち工産第一区にて染織物、

刺繍、被服類を陳列せるを以て、紅紫絢爛尤も見ごたへあり、特に婦女子の足進まざる処なり、（中略）此部の建物は日字形を爲せるにより、左右何れとも8字形に往復せば、工産第二区の陶磁器、金属器、宝玉類、同第三区の漆器、木竹製品類全部を見るを得べし、

斯て踵《くびき》を回《めぐ》らし、大通路を経て正門に戻り、庭を左に見て南部の本館に入らば、工産第四区にて酒類、食品、菓子類あり、下戸も上戸も食指の動くを禁ずる能はざるべし、（以下、工産第四区携帯品化粧品教育品類、農産第二区茶煙草農産製造原料、農産第一区米麦豆類、蚕糸館、林業館、の順路をたどりながら解説する）

是にて本館全部を見終りたるが、順路としては一度《ひとた》び正門に立ち返り、庭園に出で丶兜形なる奏楽堂に近づきて、妙なる楽の音に疲れたる眼と脳とを慰め、胡蝶ケ池附近の風致を味ひ池畔なる

▲蚕糸別館　に入り、本県蚕業の発展を視察し、橋を渉りて砦山に上り、閑雅なる貴賓館、奇抜なる三角亭等を視、更に丘上より南方の眺望絶佳なるを賞すべし、此処《ここ》に模造の汽車横《よこた》はり弁当を売れり、

夫れより能楽堂、舞踊館に抵《いた》り、高雅なる能狂言、優美なる名古屋踊に半日太平の民と化し、山を下りて龍ケ池に沿ひ、帝室林野管理局の木曽材建物及び出陳の木曽材を見、池中の眺望に入りて、八幡山より装置せる材木流しの実景を一覧すべし、次で池の対岸に聳ゆる台湾館に抵る前に龍ケ池や熊沢山との谿間の風色を愛し、熊沢山を散歩して後ち

▲台湾館　に進めば、棕櫚樹は颯々として五彩の華々しき館前に立ち、頓《とみ》に熱帯に入れるが如く感せん、館内の出品を見、産品を土産に求めて喫茶《きっちゃ》室に少憩せば、愛らしき台湾少女は香ばしき烏龍茶を捧げ来るべし、

台湾館の北隣は即ち式場、其又北は飲食店街にて数十戸櫛比《しっぴ》し、洋食、丼、蕎麦、鮓、餅など何でもお好みに応ず、さて飲食店街の眼下に横《よこた》はるは

▲機械館　にて、先づ其動力供給所たる高田商会の陳列所より観て、真空掃除機《バキュームクリーナー》にて帽子衣服の塵埃を吸ひ取らしむるも一興、斯くて機械館の北口より入りて、各種機械の進歩と其の運転を観、南口より出づれば花壇にて、小径を徜徉《しょうよう》すれば和洋の草花時を得て、紅白紫黄様々に咲乱れ、芳香馥郁《ふくいく》袖も匂ふに至るべし。次で花壇の正面なる

▲特許館　に歩を移し、最新飛行機の雛形を始め、特許意匠実用新案の各種斬新なる商工品を観て、現代日本の発明力を窺ふて後ち、同館の北に出づれば則ち館外出品場にて、実用的の花卉苗木類漸やく萌芽を発し、春風に媚ぶるさま又一段の眺めなり。其北方より西方一帯は

▲余興街　にて、和洋大小の建物連立し、色彩のけばけばしき楽隊の賑やかなる、会場中の別乾坤なり、其詳細は別項に記せり。余興の観戦鉄道の側に通用門あり、之に接する建物は事務所にて、其場外の横手に警察出張所、赤十字社救護所あり、是亦万一の場合に記憶し置くを要す。さて帰路も正門より取るとせんか

▲売店街　は噴水塔の左右に翼を張りて帰客の歩《あし》を停《とゞ》むべし、（中略）意匠を凝らして客を喚《よ》ぶが中に、愛知県売店の模擬名古屋城は最も宏大の位置を占め、其上層に昇れば会場内外及び市中の一部は眼下に落つべし。尚ほ売店街の裏手にパノラマ館あり。是れにて漸やく会場の一巡を終へたるなり、市中を観んとする人は更に思ひ思ひの方向を取らざるべからず。

共進会が開会すると、連日のように出品物の詳細が記事となった。中でも興味を引いたのは、実際に運転して見せた新式機械類である。三月二十四日「新愛知」第三面には、名古屋市内から出品された興味ある機械を紹介している。「**●空前の共進会　▲運転せる機械**　機械館にて動力に依り運転せる機械に就て概略を説明すれば左の如し」と題した記事中の一。

▲大隈式製麺機　本機は市内東区富士塚町大隈麺機商会の出品で、之に附属する粉水混和機、麺帯粗製機、同精製機、麺線製造機との五個より成り、目下動力を用ひて盛に実験しつゝあるが、人力廻転にもする事が出来る、同機は一滴の油も用ひぬ爲め、旧来手製素麺の如く油臭き事なく、且線の太さも均一して些《いささか》の不同なく、殊に滑かにして艶を有するが故に外観上最も美麗である、先日前の駐日独逸公使たりしホールシーデン氏が同館観覧の際も、特に同機に注目して非常に感じたとの事であるが、場の三方には試作せし五色の素麺を簾の如くに掛け連ねて、盛に機械を運転せしめ居るが頗る奇麗である、売価は粉水混和機金五十円、麺帯粗製機五十五円、同精製機四十三円より五十円迄、麺線製造器五十円、合計金二百円余となる

大隈麺機商会が、現在の工作機械メーカーオークマの発祥である。うどん、きしめん、そば、そうめん、味噌煮込み等々、いわば名古屋人の麺類好きが製麺機械の開発を促し、ひいては後の工作機械メーカーへの発展の原動力となったのである。必要は発明の母とは、よく言ったものである。こうしたアトラクション感覚の展示出品のほかに、

実際にエンターテインメントとしての娯楽余興も多数の業者が出展した。こちらは入場料十銭の他に別途料金のかかる有料施設である。新聞社はこの余興施設で使用できる割引クーポン券を進呈した。ただし、月ぎめ購読者に対してのサービスであり、今で言うタイアップ。観客も増え、新聞社も発行部数を伸ばすことを目論む。以後、どこの新聞社も拡販を狙ったこうしたメディアイベントに力を注いでいった。コースターの利用や大画面映像など、今に通ずる手法がすでに登場している。

●余興と愛読券（三月二十一日「新愛知」第七面）

近々読者諸君に進呈すべき新愛知愛読券を提示さるれば、共進会に於る余興物を左記の如く特遇すべし

▲世界漫遊館　大人十二銭小人六銭　新愛知愛読券提示の方は半額即ち大人六銭小人三銭　廿世紀電気応用に依り、初めは汽車に乗り、一変して汽船となり、再変して山岳となり、三変して大洋となり、世界各国の都邑や名所をパノラマにて観せる趣向なり

▲観戦鉄道　大人十銭小人五銭　新愛知愛読券提示の方は大人八銭小人四銭　欧米に於て大喝采を博しつゝある新式大機械を使用する一種のパノラマにして、日露戦役の旅順、奉天の大戦を実地に見るが如く描写して大壮観を極む

▲不思議館　大人十銭小人六銭　新愛知愛読券提示の方の観覧料半額　化学的電気仕掛の益々進歩したるもの蝶の舞、月世界、ダンス、モデル、バレーション等を奇術的に演ずるものなり

▲電気館　大人十銭小人五銭　新愛知愛読券提示の方は大人八銭小人四銭　共進会場砦山の電気館は無線電信、無線電灯、X光線、変幻光線、落雷の実験等重なるもの、最も目新しきは実物百二十倍大に映写し、教育上の好参考なり

▲大阪丸御殿　大人五銭小人三銭　新愛知愛読券提示の方は総て其半額　豊太閤の御座船を、大阪陣の時に尾州家へ分捕った戦利品の中、其御殿だけを船形に組立て、船内に於て美人が抹茶を出す、最も高尚なる趣向なり

▲万国動物園　特等三十銭、一等廿銭、二等十五銭、三等十銭　新愛知愛読券提示の方は総て五銭引　笠取電車停留所前にあり、収容動物の主なるは大獅子、斑馬《はんば》、二峰駱駝、斑《ぶち》狼、大蛇、熊、猪、鳳凰其他数十の珍獣奇鳥あり、又欧米式の大曲馬、自転車の大曲乗もあり

▲旅順海戦館　特等五十銭　並等三十銭　新愛知愛読券提示の方は二割引

▲**天女館**　特等四十銭　並等二十銭　新愛知愛読券提示の方は二割引
▲**大鰐館**　大人五銭、小人三銭、愛読券割引大三銭、小二銭
▲**浪越動植園**　大人五銭、小人三銭　同大三銭、小二銭
▲**横田活動写真**　大人十銭、小人五銭　同大八銭、小四銭

●**余興観覧物案内**　面白き趣向数々（三月十六日「新愛知」第六面、ただし前掲記事との重複分は省略）

共進会の余興観覧物は、是までの紙上に屡々《しばしば》記す所があったが、更に其後の分をも合し、茲《ここ》に一括して紹介しやう。

▲**天女館**　是は舶来の余興物で、アノ広い舞台へ羽衣の天女が現はれ、化学と電気の作用で美くしう目も覚《さめ》るばかりに、千変万化の色彩をパツと放って、空中を彼方此方《あちらこちら》と翔《か》け廻り、謡《うた》に伴《つ》れて奏《かな》づる処へ沢山の美人が、現はれ出で賛美し、一緒に舞ひ遊ぶと云ふ、極めて花やかなハイカラな催ほし物で天女に扮する美女は紐育《にゅーよーく》の名女優ミス、モード、ケンボール嬢（二十二）と云ふ者だ。

▲**旅順海戦館**　是もハイカラ式の芸当で、曩頃《さき》アラスカユーコン大博覧会で、非常なる喝采を博したもので、日本では今度が初めてゞある。舞台の背景に旅順港を現はし、電気の作用で朝景色から艦船の往来を見せ、夫《それ》が変化して夕日が正に老鉄山の彼方に没すると同時に探海灯が要塞や艦艇から放射されて、黒雲天を蔽ひ、暴風吹荒み怒濤は逆巻く、処ろへ露国軍艦が現はれる、夫《それ》を日本の水雷艇が勇ましく突進して攻撃する、敵の軍艦は大火災を起して沈没し、雨と降る砲弾は海中に水煙りを揚げて落ちると云ふ頗る勇ましい凝った余興で、宛然《さながら》当時の実戦を見る想ひがある。

▲**チヤリネ大曲馬**　は大象や馬が五十頭程で、外人も出演し、象の可愛らしい芸当や使ひ別け、馬術曲乗、運動術などをやるから、是も或連中に受ける事だらう。

▲**活動写真館**　例の横田活動商会が出張してやるもので、映写の品は何《いづ》れも斬新奇抜なる新輸入の物は勿論、教育的の者、滑稽物、共進会場の賑合ひから、芸妓舞踊や余興物全体を素早く活動にして見せると云ふのだから、是も非常に歓迎される事だらう。

▲**廻転木馬**　子供達に歓迎される物で、木馬に打乗ると之を廻す仕掛になって居て、グルグル廻りながら、毬を吊してある籠の中に投げ込むと云ふ子供嬉《よが》りのものだ。

▲**黄花園の霧嶋人形**　電鉄小林停留所西の菊花《きく》で名を知られた黄花園では、日本全国の各地から、高さ一尺位ひの揃った鉢植の霧島躑躅《つつじ》二千種余を取集めて、霧島

の造り人形を観《み》せる筈で、昨今一生懸命に人形の取付けや、其他に掛って居るが、大舞台の五段返し『紀念踊り』は電気応用の頗る趣向を凝らしたもので、清正公の石曳を活動的に人形を踊らせ、セリ揚げ、吹揚げで真実《ほんとう》の水を見せる抔《など》は振《ふる》った意匠だ、花壇は昨年と異《ちが》って三段の棚を架ける、是が千紫万紅《せんしばんこう》に咲揃った時は余興踊りの向ふを張って、解語の花と艶美を競ふ事である。

▲**花屋敷の活《いき》人形**　曩《これ》も其名を菊で世人に知られて居る、大須門前の花屋敷では、西国三十三所観世音の美術活人形と云ふを見せる、是は先年大阪南地《なんち》で一年有余の間好評されたもので、人形師の郷里肥後の熊本から態々《わざわざ》持て来て、共進会を当て込みに開演して居る、大道具の廻り舞台、居所ろ返し、糶《せり》上げ、セリ下げの大仕掛で、一番の札所から三十三番まで綺麗な活人形を見せるのだ。

こうした見世物が観覧客にどのように受けたのか、その入場者数のランキングが、閉会間際の六月十三日「新愛知」第五面に掲載された。五年経っても日露戦争の戦勝気分はまだ醒めていなかったようである。

▲**余興を観た人**　共進会開期の九十日間を、雨にも風にも楽隊の音賑やかに、思ひ思ひの趣向に客を惹きし余興街も、共進会の閉会と共に運命を同《おなじ》うして、自がぢゞ第二の銭儲け策を講じ居る中にて、余興街経営の旅順海戦館は閉会後直ちに大阪府下浜寺に持て往き、南海鉄道の爲に景気を副へるべく、既に同地の工事も略《ほ》ぼ出来せしといふ。
場内各余興が開期中の景気は如何なりしか、経営会の方では天女館が寧ろ失敗なりしを、纔《わず》かに旅順海戦館あって之を償ふ事が出来しと云ひ、舞踊館の名古屋踊りは流石《さすが》に儲かりしと云ひ居れり、其他は左に掲ぐる開場以来一昨日までの総入場人員にて、略《ほ》ぼ推知さるゝならん

▲旅順海戦館	三十六万千四百九十人
▲不思議館	二十七万三千百八十九人
▲観戦鉄道	二十五万三千三百八十三人
▲チヤリネ曲馬	十七万九千四百十三人
▲天女館	十三万二千七百四十四人
▲舞踊館	八万千百七十八人
▲電気館	七万三千二百九十五人
▲世界漫遊館	六万二千五百五十人
▲大鰐館	四万三千七百〇六人
▲横田活動写真	四万九千四百十一人

▲大坂丸御殿　二万七千九百八十三人
▲廻転木馬　六千七百九十三人

展示館、余興物とともに、共進会の三本柱となったのが各府県出展の売店と会場内外の飲食店であった。開会当初三月十八日「新愛知」第七面から、売店街の様子と、名古屋城天守閣を模した愛知県売店の記事を拾う。

●売店街雑感　麗かに明けたる共進会の第二日目は昨日よりも人出多く、或は徒歩《かち》にて又は電車にて大津町通りより広小路筋、又春庵横町の線から共進会場さして出掛る人陸続として絶えず、午後よりは烈風砂塵を捲いて日影寒きを覚えたればヤヽ人出尠《すく》なに見受けられたり、前例に依り共進会場市外の雑感を記載すべし

▲お客の通行する具合　売店は正門の両方にある由は既に記載したが、当時一般の観覧者は如何《どう》云ふ順序で何《ど》の方面へ多く行くかは、当局者の頻りに心配して居た所であったが、昨日蓋の開いて＝まだ其一部分であるが、お客即ち観覧人の巡って行く具合をみると、先づ本館に入り、本館から出るとどうしても愛知の売店のお城を見掛けて、せつせつ足を運ばして行く。（以下略）

▲評判のお城　愛知県の売店評判のお城は一昨日から登上を許しかけた。たゞし上にあがるには大人五銭、小人二銭の登上料が出るが、然し登ったお客様は階上でコーヒーが飲めて、望遠鏡が無銭《たゞ》で借りられる。試みに上ってみる。附近は勿論、南は熱田の海までみえる。高さ百三十七尺と云ふ触込みだ。朝日連の優物がお客に手をとられてキヤツキヤツと云ひながら上って行くのも見受られた。上にも年の若い名古屋別嬪の玉子が居る。之れがコーヒーを出す。階子段《はしご》は交互《いきちがい》に六つ許りある。此所で品物を売るかどうかは知らないが、下や此のお城の周囲の売店では、ぽつぽつ愛知持前の紋りや陶器を売出して居る。外へ出ると模擬塗壁の前に二ツの高張提灯、之れには前に愛知県売店と筆太に記して、横に葵の定紋がつけてある。其横に千成瓢箪の吹流し、加藤清正の片鎌鎗、仲々凝ったものだ。

●飲食店と其他　何んでもお好み次第（三月十六日「新愛知」第三面）

飲食物は洋食店も日本料理も、何でもお好み次第に沢山あるが、中にもアサヒ、カブト、キリンの三ビーヤホールは中々大仕掛で、場所も至極好い所に在る、名物では伊勢富田の焼蛤、米沢名物松茸丼、信州の更科そば、大阪の鮨料理を始め其他鮓でも弁当でも何でもある。

中にも一番多いのが直《ね》安の麺類店で、所自慢のきしめんは云ふまでもなく、東京、大阪、京都其外の各県からも出張して、其店数ザツト六十軒余で、此外に二十余軒の喫茶《きっちゃ》店が出て居る。
経済主義で握り飯御持参の連中には、各団体組合や銀行会社、又は各宗寺院から出して居る無料休憩所が十数ケ所も有るから至極便利徳用な事である。（以下略、無料便所十箇所、有料便所は二十箇所で化粧室附）

●飲食物店の大賑合（三月十七日「新愛知」第七面）
共進会場附近の各戸では、早朝より美々しく装飾を施して客を迎へるに汲々とし、名古屋名物鯱おこし、絵葉書店、鮓店、饂飩屋、料理屋、偖《さて》は菓子店など、案外に客足ありて何れもニコニコ顔の景気の宜い事。正門前から記念橋までは、往来の人で押合ひ犇《ひし》合《あ》ひ中々の大雑踏で、露店も数十箇所居並び、是も忙しい大流行で繁昌した。尚ほ大池附近は言ふも更なり、七本松の牡丹亭、寸楽亭其他の料亭は朝来同様の客足ありて頗る景気よく、何れも開会初日から福の神が舞込んだと大喜び

まさに千客万来、総計二百六十万人余を集める世紀の大イベントとなった。

《昭和三年御大典奉祝名古屋博覧会》

大正年間に入ると、名古屋でも万国博覧会の開催を念頭に置いた検討が始まったが、実現には至らなかった。その後、大正から昭和に変わり、新天皇の即位を祝う御大典奉祝名古屋博覧会が名古屋勧業協会の主催により、昭和三（一九二八）年に鶴舞公園で開催された。表向きの開催趣旨は「御大典」を祝うことであったが、実際のところは、当時の深刻な不況に対応すべく、産業界全般の不振を打破することにあった。全国から三十七府県の参加があり、入場者は百九十四万人であった。この博覧会では従来名古屋では会場内に設置されていなかった美術館が設けられ、また大正七（一九一八）年四月一日開園した鶴舞公園内の市立動物園も、博覧会の一部に取り入れられた。また、公園のすぐ西側を走る鉄道の中央線には、臨時の停車場も設けられて利用者の便がはかられた。

本博覧会を主催した名古屋勧業協会は、名古屋市内の商工業者を網羅する実業団体として、従来の愛知県五二会および名古屋商工懇話会を一本化したものである。大正、昭和年間には販路拡張や貿易振興を推進する中心的な組織で

58　御大典奉祝名古屋博覧会　機上より見たる会場全景　昭和３（1928）年、鶴舞公園で開催された博覧会の会場風景を上空からとらえる。公会堂は基礎工事中、手前の巨大な本館敷地は、閉会後、陸上競技場として整備された。

あった。昭和に入ってからは、御大典奉祝名古屋博覧会のみならず、名古屋工業博覧会（昭和七、九年）、納涼博覧会（昭和二〜七年に八回）など、多彩な博覧会を開催している。

昭和三年の御大典記念名古屋博覧会開催時と同八年市役所新市庁舎竣工頃、それぞれ空撮写真にもとづいて発行された絵葉書は、刻々と変貌してゆく鶴舞公園の姿を捉えている。昭和三年の博覧会会期中の空撮写真では、名古屋市公会堂はまだ基礎工事の最中であり、博覧会が閉会して後、博覧会本館跡地はグラウンドに整備された。

《昭和十二年名古屋汎太平洋平和博覧会》

昭和三年の博覧会開催後、名古屋においては昭和九年に市会で「博覧会開設ニ関スル意見書」が提出されて原案通り決議された。名古屋市の人口もちょうどこの年に百万人を突破し、諸産業の進展も開催要素のひとつとなった。何よりも名古屋駅および名古屋港の修築など、交通運輸設備が整いつつあり、国際都市を指向する方向性が芽生えてきたことが大きな要件であった。

こうした産業都市としての発展を背景に、明治四十三年と並ぶ名古屋の節目となった年が昭和十二（一九三七）年である。この年には名古屋駅改築竣工、観光ホテル開業、東山動植物園開園と市内で大プロジェクトが相次いで完成をみた。これもたまたま時期が一致したのではなく、名古屋臨港地帯での名古屋汎太平洋平和博覧会の開催に機を一にする事業であった。これは同年三月十五日から五月三十一日まで、のべ七十八日間にわたって開催された名古屋市主催の博覧会で、日本国内のみならず、環太平洋地域から二十九カ国ほか都市、地域などからの出品を含めて、総計三十七カ所の参加をみ、入場者は四百八十万人余に達した。明治四十三年の共進会と同じく、名古屋にとって飛躍の一年となった。

計画された当初、この博覧会は昭和十五年開催予定の万国博覧会に先立つ国際的な博覧会と位置づけられたものであった。これは、昭和に入って、国会が万国博覧会を開催する建議をおこない、昭和十年を期しての開催を予定したものの、昭和十五年に順延されたもので、さらに戦争の進行とともに実現困難な状況となり、遂に中止のやむなきに至った。この結果、名古屋で開催された汎太平洋平和博覧会は、戦前日本で開催された最大規模の国際博覧会となった。また、戦時下に入りつつある時期とはいえ、その名のとおり、「太平洋」と「平和」を主題とした博覧会として、太平洋沿岸諸国及び地域三十七カ所の参同を得、国際的な視点に立った名古屋で初めての博覧会となった意義は大きい。

名古屋市はこの博覧会開催に並々ならぬ力を注ぎ、絵葉書でも会場内のパビリオン風景に限らず、ポスターにもとづくもの、事前広報のための年賀葉書、市内遊覧先等、多種多様の絵葉書を制作頒布している。このうち、ポスター図案にもとづいて各種用意された多色刷りの年賀絵葉書は特に好評を博し、市民から二百万枚以上の注文を受けて印刷頒布、博覧会前宣伝のメディアとして格好の媒体となった。絵葉書の持つ小回りのきいた機能性が充分発揮された好例である。

また、前年昭和十一年には、パノラマ画家吉田初三郎に依頼して名古屋市街地のパノラマ絵図を制作し、四万部を印刷して来訪者に配布したといわれる。この名古屋市鳥瞰図には昭和八年竣工した帝冠様式の名古屋市役所庁舎や竣工間近い愛知県庁舎、巨大な名古屋駅ビル、はるか東方には東山公園、港近くには広大な博覧会敷地にパビリオンが林立する。鳥となって空高く舞い上がれば、名古屋市内からは見えるはずもない富士山がくっきりとその姿をあらわすのは、初三郎一流のサービス精神の発露であろうか。いや、この向こうには富士山が高く聳えるという、日本人なら誰でも抱くイメージを具体的に絵図として描いたもの、即ち心象風景を初三郎が描き出したものと捉えるべきであろう。

彼が原画を描いた優美な《名古屋名勝絵葉書》も、実景というよりは、彼の眼底に焼付けられた残像のようなメンタルイメージ＝心象風景に近い。初三郎は鳥瞰図の中に、知多半島南端の彼方にハワイを描き、日本海の向こうにはウラジオストク、ユーラシア大陸の遙か彼方にはロンドン、パリまで描くのであって、それは現実に見えるかどうかが問題なのではないのである。大正～昭和期に日本人が持っていた世界観の中に、心象風景のような鳥瞰図を是とする地理感覚が存在したことを前提として理解すべきであろう。

すでに紹介したとおり、初三郎はこの名古屋汎太平洋平和博覧会開催にあたって、名古屋市電気局（交通局の前身）の依頼により、《名古屋市電気局市営十五周年記念絵葉書》の制作や市電・市バスの博覧会記念切符のデザインにも携わっている。そこに描かれる電車にある種の懐かしさを我々が感じてしまうのも、遙かな過去に対して我々が漠然と抱く憧憬のイメージを的確につかんで表現しているからにほかならない。

59　名古屋汎太平洋平和博覧会を予告する年賀葉書　昭和12（1937）年開催の同博覧会の宣伝のため、前年に印刷された年賀葉書で、いくつかデザインを考案して市民から注文を受けた。全部で200万枚以上の注文を受け、事前の広報媒体として絵葉書を有効に活用した。

少し話がそれてしまったが、名古屋汎太平洋平和博覧会は、昭和二十年以前における海外参加規模としては最大の博覧会でもあり、名古屋で開催された意義はきわめて大きい。ただし、一方では、当時すでに日本が成立させていた満洲国を正式な独立参加国家として扱っており、植民地として台湾館、朝鮮館もそれぞれ独立のパビリオンを用意した。十九世紀から二十世紀前半にかけての万国博覧会において、帝国主義的側面がきわめて大であったことは、つとに指摘されることであるが、この名古屋汎太平洋平和博覧会もその例にもれない。平和を標榜した博覧会が閉会して二カ月もたたないうちに、日中戦争が勃発、日本は帝国主義の牙をむくのである。

名所めぐりの都市遊覧

名古屋はこうした共進会、博覧会の開催時には、市内各所に所在する近世以来の名所へも、名古屋に来遊する参観者を呼び込み、その遊覧先はいわゆる「名古屋名所」へとなっていった。あわせて、こうした大規模なイベントの開催を契機として、そのたびごとに都市基盤の整備をはかり、東京と京阪神の中間に立地する好条件を生かして都市の規模を拡大していった。古くからの名所とともに、新しい名所が生まれ、これらの遊覧先が渾然一体となって近代の名古屋名所が形成されていったのである。再び明治四十三（一九一〇）年に戻ろう。三月十六日に始まった共進会開会初日の市中の様子を、翌十七日付「新愛知」第七面は次のように伝える。

●昨日の市中　当市に於ける連合共進会も、愈々《いよいよ》昨十六日より開会されたるに付、是迄一日千秋の想《おもい》して期待しつゝありたる各府県の参観団体が、一時に当市に繰込める事迚《とて》、名古屋駅より共進会場に至る街路は紳士、淑女、或は田吾作連の巡遊団体にて非常に雑踏したるが、就中《とりわけ》広小路通り各店舗が、提灯又は国旗其他想ひ想ひの珍趣向にて店頭を飾り立て、一層の美観を発揮したれば、人目を惹くこと夥しく、彼方此方《かなたこなた》に徉徊《さまよ》ふ客多き爲め、非常の景気にて、

殊に電鉄会社は斯《かか》る混雑を予期し、昨日の如きは共進会行電車を二十台も増発し、全部にて七十台余を運転したるも、何《いづ》れも乗客満員の体《てい》なりしが、尚同会社は昨日より熱田築港行き電車を開通し、三台を以て終始運転を続行したるが、是亦相当の乗客ありたり、

且又共進会に望める参観者は、必ず当離宮附近に杖を曳き、親《したし》く燦爛《さんらん》たる金鯱《きんこ》の壮観を俯仰《ふぎょう》して、旧幕時代の栄華を追想し、故国の土産話になすもの多かりしが、当離宮に於ても畏《かしこ》きあたりより、衆人拝観の御許可ありたるより、離宮入口門前に小舎《こや》を設置し、拝観者の便を利る事となりたれば、今後拝観者一層多数ならん

といふ

尾張名古屋は城で持つ。やはり名古屋へ来たれば何といっても天守に輝く金の鯱を一目見て帰りたいのは人情である。共進会開会中は、宮内省より格別の配慮をもって、離宮拝観が許された。ただし、以下の条件付きである。明治四十三年三月十日「新愛知」第五面から。

●名古屋離宮拝観許可　共進会開期中、名古屋離宮天主閣拝観の件は予《かね》て宮内省に請願中の処、昨九日を以て許可の指令ありたるが、拝観に関する條件は左記の如くにして、別に同省よりは属官二名、皇宮警部一名、同警手十二名、使人《つかうど》十名、通訳二名、省丁三名を派遣さるゝ筈なりと

△拝観日時　三月十六日より六月十三日まで九十日間午前八時より午後三時まで

△拝観を許さるべき者　名古屋開府三百年紀念会員、共進会より招待されたる者、連合府県委員及び中学程度の学生団体（但し監督者付）協賛会員

△拝観者服装　男子はフロックコート又は羽織袴、女子は紋付白襟

平時は皇族方の宿泊所となる離宮であるから、拝観のハードルはきわめて高かった。紀念会員とは、紀念事業実施にあたってその趣旨に賛同し、高額の篤志寄附をした、いわば名士たちが多かった。服装にしても正装であることを求められたのであり、威儀を正して拝観すべしという、宮内省側の意向が強く働いた。共進会のついでに一目離宮もこの目で見たいと、足を運ぶ客も多く、この規定をたてに門前払いをくらう者も多かった。板挟みとなった市役所は、窮余の一策を講じる。離宮前にテントを張り、臨時の紀念会員入会所を設けたのである。からくりは以下、三月二十一日「新愛知」第七面記載のとおり。しかし、よかれと思っておこなったことが、あだとなった。

●離宮拝観金五十銭
当市の連合共進会の開会を好機として、市のお役人たちは名古屋名物の一として、人口に膾炙《かいしゃ》して居る天守閣をも拝観させやうと、殊勝な御趣意で宮内省へ申請された結果、特に三百年祭紀念会員や学生団体には拝観を許される事となった、

ソコで御役人たちは直《たゞ》ちに其準備に着手して、離宮の入口には二個の小舎《しょうしゃ》を設けて、市吏員の詰所に当て、下足番などを置いて、拝観者の便宜を与へらる事となったのは頗る結構な話だ、
共進会参観に来た各府県人は多く評判の金鯱を見るべく、廓内に来《きた》るか、唯外廓のみを見て内裏の拝観が出来ないから、非常に物足らぬ感じがして居たのが、今回拝観を許されたから、吾も俺もと拝観に出掛る者が頗る増加した、
何は偖《さて》紀念会員とならねば拝観が出来ぬと云ふので、態々《わざわざ》来たものも手を空しくして帰る有様であるから、市のお役人たちも斯《こ》の弱点を利用したと言ふ訳でもあるまいが、昨日より廓内に紀念会事務所を特設して、紀念会員の名目を附けて金五十銭と引換へに、離宮拝観券と共進会入場券との二枚を売付けて居ったが、昨日の如きは三百人余も五十銭出して拝観券を購求《かっ》て入廓したとの事だ。
中には離宮拝観料が五十銭とは高いと呟《こぼ》して居た者もあったが、恰度《まるで》市のお役人は離宮を見世物視して居る、苟《いやしく》も　陛下の離宮として、荘厳犯す可からざる天守閣を見世物と同一視するに至るは、市のお役人たちが其機敏を誇る積りか知らないが、余りと云へばあまりである、因《ちなみ》に昨廿日の拝観者は八百一名にて、外に学生団体百四十一名なりし

こうした中、新聞記者は過去に宮城内の振天府《しんてんふ》（＝日清戦争のメモリアル施設）を拝観した前例にならい、離宮内御殿の拝観を許された。少し長いが、以下は明治四十三年四月十日「新愛知」第三面記載の拝観記である。御殿内部がどのようなものだったのか、想像をたくましく、お読みいただきたい。御殿再建が無事に完成したあかつきには、こうなるはずであるが、昨今の経済事情、果たしてどうなることやら。

▲離宮拝観の記　青波生

月の九日、春雨蕭々《しゅんうしょうしょう》たり。第二回全国新聞記者大会の参列記者は、第一回大会の当時、特別の御思召を以て振天府の拝観を差許されたる先例に倣《なら》ひ、破格の詮議を以て名古屋離宮拝観の光栄を荷《にな》ひ、午前九時より俥《くるま》を離宮の正門なる榎多御門《えのきだごもん》に駆《か》りぬ。

記者亦其の列に加はり、俥《くるま》を門前に棄てゝ御門に進めば、昔ながらの城塁《じょうるい》巍然とし、青松雨に逢って益々碧く、白鷺《はくろ》其の梢に巣《すく》ふて啼く音《ね》も静かなり。坦々たる砂利道は右に折れて内濠に沿ひ行くこと一町余、黒御門を

60　名古屋城絵葉書　本丸御殿あたりの高所から天守閣を望む。右上のスタンプは明治 39（1906）年 5 月 20 日、鉄道 5000 マイル記念祝賀会を名古屋で開催した折のもの。昭和 5 年（1930）末まで、名古屋城が離宮であった期間は城内を写す絵葉書は数少なかった。

青松・雄閣
斜陽を浴びて雄然と立つ大名古屋城も空から眺めれば一幅の繪畫の如く青松白亞の城壁に映えて美觀極まりない。　― 名古屋城 ―
THE BIRD VIEW OF NAGOYA CASTLE.

61　青松・雄閣　名古屋城本丸の御殿と天守閣一帯を空中よりとらえた景観。昭和 6（1931）年 2 月 11 日の一般公開以降、このような空撮写真や城内内部の様子が絵葉書にも登場するようになった。しかし昭和 20 年春の名古屋空襲で御殿も天守閣も焼失し、この景観を撮影できなくなって久しい。

入《い》れば離宮の正玄関前に達す。

内玄関より昇殿して表宮殿の全部を拝観するに、建築は総て慶長年間築城と同時に成り、特に見るべきは襖、床壁《しょうへき》、杉戸等に描かれたる当代名家の筆跡にして、他に匹儔《ひっちゅう》なき天下の珍品も尠《すくな》からず。即ち玄関正面の間は、襖は総て狩野貞信十八歳の筆にて竹林に猛虎を描けり。骨格写生にあらずと雖も、青年時代の揮毫としては健筆縦横なりと云べし。

其次の間の襖は狩野山楽の筆に成り、同く猛虎の図にして姿態万状、遉《さすが》に老手丹青の跡を見る。其の障子の腰絵には有名な『眠りの虎』（同人筆）あり。左方より見れば背を伸ばして眠れる虎を後ろより見るが如く、右方より見れば眠れる虎を正面より眺むるが如く見えて頗る奇なり。廊下は三間の一枚板にて見事なるも、鎮台時代に靴穿《くつばき》の儘《まま》往来せる爲め、多少の瑕《きず》を存せるは遺憾なり。

次の間の襖は狩野永徳の筆にて、麝香《じゃこう》猫を描《うつ》し麝香の間即ち是れなり。廊下の杉戸には是亦名高き『八方睨みの猫』を画《えが》く、正面より見るも側方より見るも、爛々《らんらん》たる眼光は人を睨んで呻《うな》るに似たり。

次は即ち表書院にして、上段の間は土佐光起の筆に成り、床壁は三階松、違ひ棚の壁は葡萄に水仙、襖の一方は竹、他の一方は梅を描く。一の間は桜に雉子など、二の間は松に鳩など、何れも土佐派の本領遺憾なく発揮せられ、殊に青緑の色なほ鮮かに風韻掬《きく》すべきものあり。其の松は枝の裏を描《うつ》したるものにして、苦心の作たるを見る。

廊下を伝ふて奥の間は対面所なり、玄関正面の間より対面所に至る宮殿は、所謂《いはゆる》清須越に修築を加へたるもの。此の奥に新御殿あり。徳川家光上洛の際、増築せるものに係り　陛下の御座所に充てられ濫《みだ》りに拝観を許されず。

而して対面所上段の間は徳川家康の二回宿泊せし処にて、折上《おりあげ》小組合《ごくみごう》天井は塗色滑沢、当年の儘を存し、技巧の妙を見るに足る。床壁は愛宕祭りの図、襖は葵祭りの光景を描き、次の間は住吉祭礼の賑ひを写せり。総て是れ岩佐又兵衛の筆に成り、当時の士民の風俗歴々として画面に躍動す。又兵衛の筆は必らずしも世に稀れなりとせざるも、斯かる大作は蓋《けだ》し珍とすべく、上段の間の床に時代の色掬すべき桑の一面板を用ゐたる、又珍とすべきなり。

其の奥は鷺の廊下にして、土佐光信筆の雪中の梅と鷺を描く廊下を左すれば新御殿に入るべく、右すれば梅の間あり、狩野興以の筆にて雪中の梅を描く。其の杉戸に田家の軒の蝋梅を描けるは、杉戸の絵として稀なるのみならず、傑作なりといふべし。

是にて表宮殿の拝観を終へて退出し、更に雨を衝いて天守閣に昇り、古人苦心の跡を偲《しの》び、名古屋の市街を瞰《み》て其の発展の将来を思ふ。天守閣は世人の能く知る処、且つ紀念会員には拝観を許さるゝを以て茲に詳記せず。辞して正門を出づるに、雨尚ほ霏々《ひゝ》として門前の桜は落花繽紛《ひんぷん》、春の姿の漸やく闌《た》け行くを見る。

五十銭の出費はじっと我慢し、せめて濠越しなりとも、お城を仰ぎ見た後は市中見物である。客はどこへ向かったか。開幕当初、三月十八日、十九日「新愛知」第七面の記事から。

●昨日の市中　（三月十八日）

▲大須附近と旭廓《しんち》　門前町大須附近は当市の枢要なる遊覧地だけに、旅客の蝟《い》集する事夥しく、老いたるものは観音さまに有福を祈り、若き者は千容万姿咲き乱れたる浪越《なごや》の花に戯《たわむ》るもあり、午後二三時頃より夜にかけて、其賑合は非常なものだ、然し旭廓《しんち》は各楼の店頭は少しも飾り立てゝ居ないが、室内は種々手入を尽して錦繍燦然として吃驚する程であるが、共進会を当《あて》に玉代も値上をして、多くの鼻下長を手玉に取らうと、各妓何れも辣腕を鍛え居るが、果して予想通り登楼客のあるか何《ど》うかは疑問だ

●昨日の賑合ひ　（三月十九日）

昨十八日は開会以来の好天気で、一点の雲もない青空に彩旗は翻《ひるが》へって、暖かい春の風が和《やわ》らかく吹いて居た。其所《そこ》へ恰度《ちょうど》彼岸の入りと初午祭であったから、市中の人出と言たら剛勢なもの、早朝から老幼男女の共進会場へと足を向けた数は素腹《ママ》しい、電車は何《ど》れも是《こ》れも満員の札が掛《かか》って居る始末、乗せて貰《もら》ふには中々の大混乱で堪《たま》らぬと、散々《さんさん》旁々《ごご》、可愛い坊ちんや嬢ちゃんの手を率いて、徒歩《かち》でブラブラ会場へ繰出す者や、其他の連中は終日絶間のない大雑踏で、巡査が要所々々で警戒して、「左り左り」と砂塵《ほこり》を浴びて注意をして居る。他県から見物に来た団体や学生連其他の来観者は、前日の倍以上に及んで、会場に到る紀念橋通りは就中《とりわけ》沸《に》え繰り返る位ひな大賑合を呈し、共進会を見た連中は大須、広小路偖《さ》ては熱田神宮などへ立寄り、又は古武器、新古美術などの各展覧会を観覧し、思ひ思ひに好《すき》な演劇《しばい》や寄席、見世物小屋などへ足を入れて、何所《どこ》も繁昌な忙しい景気の宜《い》い事と言たらなかった。無論会場附近の飲食店や土産物店、市中の饂飩《うんどん》屋、鮓屋などは安直に上るので、是も中々の好景気を呈して居た。

●彼岸と初午　東西別院の大賑合　各稲荷社の大繁昌
（三月十九日）

共進会の第三日たる昨十八日は、彼岸の入に旧初午にて、殊に近来希有の春日和なりしかば、各府県来観者は固《もと》より、近郷近在より乗込みたる老幼男女夥しく、各町共大賑合なりしが、就中《とりわけ》当市下茶屋町東別院の如きは、早朝より善男善女の参詣するもの数万人に及びざりしも、宏大なる本堂は勿論、境内は立錐の余地なき程押しかけたる（以下略）

大須、広小路は名古屋の繁華街。東西両別院もさして遠くはない。電車で行くか、満員ならば徒歩である。熱田神宮へは通水したばかりの精進川に熱田神宮参拝客を運ぶ巡航船が就航していた。いずれも藩政時代以来の名古屋名所である。

冒頭に紹介した三月十六日「新愛知」第五面記載の記事「共進会と遊覧地」後半部には名古屋名所の案内記事が載る。そこで取り上げられた遊覧地は次の通りである。

●遊覧地案内
▲名古屋沿革／**名古屋城**／東照宮／徳川邸／五百羅漢／建中寺／**記念碑**／**広小路**／呉服店／東陽館／武徳殿／浪越動植物苑／**東本願寺別院**／**熱田神宮**／**名古屋港**／西本願寺別院／七ツ寺／**大須観音**／遊廓／万松寺／商品陳列館／末広座／若宮八幡宮／千歳座／勧工場／五二会／御園座／新愛知指定旅館／**中村公園**／八事山／八勝館／日暹寺／守山／瀬戸町／定光寺／津島神社

これが明治四十三年春時点の名古屋名所であった。とりわけ、一対の金鯱をデザインした遊覧記念スタンプをあらかじめ押して販売した八枚一組の絵葉書に選ばれた場所が、太字である。記念碑、名古屋港、中村公園は維新以後出現した新しい名所、その他は近世以来、古くからの名所であるが、広小路のみはすっかり様相が変わった場所である。いわば、こうした新旧とりまぜて形成されたのが、近代名古屋の名所である。しかしながら、この中で中村公園以下は、明治四十三年当時はまだ名古屋市外にあり、いわば郊外の名所である。これら郊外の遊覧先を当時の人々がどのように捉えていたのか、中村公園と八事山の記事を拾っておく。現在とはいささか趣きが違うと言わざるを得ない。

●**春の中村公園　藤は早きも桜は見頃**（四月二十一日「新愛知」第九面）

62 （名古屋名所）熱田神宮　昭和 10（1935）年 11 月の遷宮以前の景観。日本の産業がまだ農業中心だった戦前には、その年の農作物の出来を占う花の塔祭が近在の農民で賑わった。

花笑ひ、柳眠り、日は暖かに、風静かなる昨日、市の西郊中村公園に遊ぶ。行く野辺には見渡す限り菜花麦浪《さいかばくろう》恰《あたか》も毛氈を敷き延べしが如く、紫雲英《げんげ》、蒲公英《たんぽゝ》、菫《すみれ》など色々の草花、或《あるい》は黄に紫に繚乱《りょうらん》と咲き競ひて其間を彩り、様々の草ども萌え出で、清き流れの小川の畔《ほと》りに乙女達の若菜摘む態《さま》など、長閑《のどけ》き春の景色を眺めつゝ、恍惚として何時《いつ》しか中村公園に足を運べば、近頃拡張されし園内には若樹《ぎ》の桜花、桃の花など咲も残らず散も初《そ》めず、今を盛りと艶《えん》を競ひ、麗を争ひ、樹蔭《こかげ》のベンチには老幼男女三々伍々腰を下し、池に架せし橋の上には、魚に餌を投《や》る子供など打集ひて嬉々《きき》として戯《たわむ》れ遊び、彼方此方《あちこち》には葭簀《よしず》張の茶店出《い》で、木の芽田楽、花団子、菓子等を鬻《ひさ》ぎて中々賑はし。

園内豊国神社の前に立ちて四方《よも》の春光を眺むれば、遠き山々打霞み、麦田青々《ばくでんせいせい》たる中に菜花点綴《さいかてんてつ》し、近く流るゝ庄内川を隔てゝ新川の桃林は紅霞《こうか》の如く真に活画の如し。

茶亭に憩ひて後ち蓋世《がいせ》の英傑豊太閤を祀れる常泉寺、及び清正公《せいしょうこう》を祀る妙行寺《みょうぎょうじ》を訪《と》ふ、両寺ともに遺物宝物展覧会の催しありて、参拝者頗る多く香華《こうげ》の絶ゆる暇《いとま》なし。常泉寺境内豊公手植の狗骨樹《ひいらぎ》は枝茂りて緑愈《いよい》よ濃く、産湯の古井《こせい》は翠苔《すいたい》蒸して往時を偲ばしむ、同寺に参じて遺物、宝物を見、夫《それ》より隣《とな》れる妙行寺に到り、同じく参拝をなし、清正公が征韓の役に翻《ひる》がへしたる軍旗、軍書其他宝物を見終りて、碑文の石摺《いしずり》、絵端書《えはがき》を受け、辞して境内を出づれば、春風徐《おもむ》ろに吹きて花の香を送り、陽は西山《せいざん》に傾きて正に暮れんとす、茲《ここ》に一日の清遊《せいゆう》を貪《むさぼ》り、心身爽快を覚えて、三三伍々家路に着く人々の中に交り、共に帰路に就く。

●共進会と東山　八事《やごと》山附近の大発展（三月六日「新愛知」第五面）

▲郊外一の遊園地　東山と云ふと、京都の夫れと早合点をする人もあらんが、茲《ここ》に云ふ東山は即ち八事山の事である、名古屋市の周囲に於て、風光の最も佳き処は、八事山を措《お》いて他に多くはあるまい、今其八事山を区分的に書いて紹介して見やう。

▲八事山　と云ふのは普通人の称する、ツマリ総称で興正寺が八事山と云ふ山号を付けて居るので、彼《か》の地方一帯が八事で通って居る、が真の八事山は興正寺のズツト東の彼の音聞《おときヽ》山の東、先年、大元帥陛下が御野《おの》立所《だちしょ》に当《あて》させられた処を云ふのである、此処には紀念の桜樹が沢山植えられて、春季、燎爛《りょうらん》と咲き乱れる頃は、粋士墨客《すいしぼくかく》の筇《つえ》を曳くものが多い、而かも此処は音聞山と並《なら》むで眺望に富で居る。

▲音聞山　之れは過日詳細に記した事があるから、今茲に詳記せずとも、読者諸子が記憶より没却されて居るやうな事は無いと思ふ、デ、同山は古来有名な処であるから、土地有志は元より、同山の所有者富田家にては、共進会開会中同山に遊ぶ人の為めに或趣味を凝らし、遊覧者の為めに便宜を図るとの事である。

▲公園が出来る　八事行きの馬車鉄道会社にては、今回興正寺と契約して馬車鉄道終点の前面なる雑林地を借受け、之れを公園にする事に決まった、が更に又同社では、東京は日比谷公園にある運動場《うんどうば》と同様のものを同所附近に設置し、自転車の競争、ベースボール其他何んでも出来る運動場を拵《こしら》へるとの事である、夫れから

▲芸妓屋《げいしゃや》が出来る　共進会開会中は必ず東郊一の名勝地字東山へ出掛ける人も多く、従って別嬪《べっぴん》の需要も多からんとて、近々興正寺山門前に七八名の芸妓《げいしゃ》を置て、お客さんの席に侍べらす事にせんと計画して居るものもある

▲八勝館の奮発　例の八勝館では昨今園内に亭《ちん》などを増設し、其他諸般の修築をなし、大《おおい》に来客を迎へんとしつゝあり、又同館では頃日《このごろ》美麗な絵葉書を製したさうだ（紫）

63 （名古屋名所）築港　名古屋港は明治 40（1907）年 11 月 10 日開港。浅い伊勢湾を浚渫して大型船が接岸できるようにした。この後、外国航路もできて日本有数の貿易港となっていった。

64 （名古屋名所）大須観音　大正 6（1917）年 4 月中旬、大須観音境内に電灯が設置される以前の景観。あまざけの露店がでていることから、春まだ肌寒い季節か。

のどかな田園風景である。中村、八事ともに市内と結ぶ電車が引かれ、格好の行楽地となった。こうした郊外が市域となるのは、大正十（一九二一）年のことである。

ミュージアムのＤＮＡ

共進会や博覧会が開催された際には、単なる名所遊覧にとどまらず、多くの観覧者をあてこんで社寺の宝物開帳が催されたり、特別な展覧会が開かれたり、また新たな展示施設が開館した。現在の博物館や美術館等いわゆるミュージアムのルーツともいえる事業が名古屋に相次いで生まれたのも、こうした共進会や博覧会が契機となっている。まずは古社寺の展覧会、宝物開帳を概観してみよう。

熱田神宮では三カ月以上のもの長期間にわたって古神宝の展覧会が開かれた。また、先の中村公園探訪記にもあったとおり、妙行寺で四月十五日から清正公三百年祭開帳及び同公遺物展覧会が催された。さらに大須観音でも三月一日から五月三十日まで、開府三百年紀念として本尊観世音の開帳を執行し、あわせて先に国宝指定となった『古事記』ほかの寺宝を展覧に供した。妙行寺、大須観音ともにその宝物絵葉書を発行している。覚王山日暹寺《にっせんじ》ではその超党派の特性を生かし、各宗本山の国宝や古美術、古器物を集めて全国寺院宝物展覧会を開催した。ここでは熱田神宮と覚王山の記事を抜粋する。

▲熱田宝物展覧会（三月九日「新愛知」第一面）
来る十五日より向ふ九十二日間、熱田神宮に於て開設する神宮宝物展覧会は既に一部の陳列を了《おわ》りたるが、其出陳物の重《おも》なるものは、源頼光朝臣の所持なりし蜘蛛切丸の銘刀を始め、国宝兵庫鎖太刀、悪七兵衛景清の所持なりし黶《ほくろ》丸刀、菅公神像、後水尾天皇御宸筆、同御製懐紙、源義直卿寄附に係る御鏡台及琴、往古春敲門に掲示しありし小野道風の筆になる扁額《がく》、豊太閤小《こ》性《しょう》の具足、国宝古蒔絵文庫、便殿御飾付の屏風等を始め、総て同神宮秘蔵の宝物百六十余点にして、曽《かつ》て一般に観覧を許さゞりし物多く、而して観覧料は大人五銭、小人二銭五厘にして、三十人以上の団体は金三銭宛《づゝ》なりと

▲覚王山の宝物展陳（三月十一日「新愛知」第一面）
覚王山日暹寺にては、共進会開期中全国寺院宝物展覧会を開催し、各宗本山に秘蔵する古美術品及び其他の宝

物約三百点を陳列観覧せしむべく、昨今略《ほ》ぼ其出陳を終りたるが、此等の宝物は開期中時々取替へて陳列する筈にて、入場料は大人五銭、小人二銭なり

このほか、共進会場西方の武徳殿では、古武器展覧会が、大曽根の徳川侯爵邸では尾張徳川家の宝庫を開き、藩祖源敬公（徳川義直）を中心とする什器展覧会を開催した。この後、常設の徳川美術館が開館するのは、昭和十（一九三五）年のことである。その先駆的な試みが四半世紀前の明治四十三（一九一〇）年にすでに催されていたのである。徳川邸での展示内容は、「新愛知」明治四十三年四月十日、十一日、十三日の計三回いずれも第三面に連載されている。

こうした、既存の施設の他に新しい展覧施設も登場した。一つは築港の水族館である。名古屋の実業家山田才吉が、共進会協賛事業の一つとして新築したもので、正式には名古屋教育水族館と称した。日本の水族館の発祥は明治二十八（一八九五）年京都で開催された第四回内国勧業博覧会が最初とされる。水槽の規模を大きくしようとすれば、それだけ水圧に耐えるガラスを必要とするのであり、当時の日本では難事業であった。築港の埋立地では、さらに難題山積みで、開館に至る道のりは茨の道であった。共進会が開会して十日たった三月二十六日「新愛知」第七面は、予定通りにことが運ばない水族館の現況を伝える。

●築港水族館の現状
▲滑稽なる埋立地　当市の山才氏（＝山田才吉、実業家で市会議員もつとめる）が経営して居る名古屋築港第五号埋立地に於ける教育水族館は、建物の組方だけ出来て、今は内部の造作中なるが、名古屋方面から＝此所も今は名古屋市になって居るが元の熱田の埠頭から此所へ行く道がないので、今は同じく山才氏等が発起となって熱田電気軌道株式会社と云ふものを組織《こさ》へ、南区熱田内田町の鳥居先から明治新田の方へ橋を架け＝此橋はまだ出来ぬ。其れから新田の堤防に沿って築港第五号地の方へ電鉄軌道を据付中なので、此電鉄完成の暁は幾分昌《にぎや》かにならうが、今はからしき駄目だ。昨日記者が行くと此埋立地を＝水族館のある辺りを四人五人逍遥して居たが、滑稽な事には築港の埋立が不完全なので、折々中から潮水が吹出て砂が山の如《よう》になって居る所が有る。それを善い積りで上へあがると、アレと一声ズブツと陥《はま》って、腰から下へ泥が一面《ぱい》。昨日も恁《こん》な人が二人まであった。春とは云へど、多度方面から

来る風＝築港は仲々寒いに御苦労な話だ!?。たゞし熱田の浜から此の埋立地まで巡航船は行く。が船の小さく垢染みて乗心地が悪い上に、築港への途中《みち》立寄するだけで、船待ちの時間が長く、仲々便利が悪い、加之《それに》完全な船着もない、然もお本尊たる水族館は前述の通り、まだまだ埋立地の昌《にぎわ》ふは前途程遠しだ。

▲**館の現状**　と此は記者の考へだが、水族館の役人は来月匆々《そうそう》遣ると力んで居る。市中へも建札を廻したさうだ。が果して開館するか如何か、たとひ開館しても一部開館位の事だらう。又電鉄は五月中旬頃から開通すると云って居るが、之れも昨日記者が視察した所ではどうも覚束ない。其所《そこ》で水族館は白色洋風二階建、他に八角館があって、此れはトンネルを潜って入る如《よう》になって居る。又深さ七尺程の池を掘るさうだが、まだ影も形もない。たゞ本館の活魚の陳列棚が出来て居る許《ばか》りだ。潮水溜《しおたまり》から潮水《しお》を吸上るポンプ、卅七尺のタンクなど出来て居る積りだ。又電車＝近く敷かる電車の突止りから、此水族館の本館までの十間巾延長五町の道路も、田舎者らしく人夫がポツポツ築造中

開館に手こずった水族館も、盛夏を迎える頃には、すっかり新しい納涼施設として定着した。春三月の手厳しい論調はどこへやら。ルポ記事のために水族館を訪れた記者さんは、すっかり港の夜風に吹かれてご満悦である。きっかり四カ月後の明治四十三年七月二十六日「新愛知」第五面から。

●新らしき納涼地　東築港の楽境　水族館の設備

▲土用に入《い》って暑気は俄《には》かに加はった。何処《どこ》の海水浴に行かうか、何処の温泉に行かうかと、都人士は暑を避けるに忙はしい。然し納涼といふ単純の目的ならば、必らずしも名ある某山某水に赴かねばならぬと限ったものではない。成るべくんば、距離が近くて交通の便もある近郊が望ましい。

▲当市も市区の膨張に連れて近郊が発達する。而して近郊に遊園地納涼地の設備が出来るのは勢ひの至然である。我が社同人は如上《にょじょう》の目的を以て、近郊を物色して爰《ここ》に名古屋築港を得た。特に東築港には水族館を中心として、追々種々の設備が施されるやうで、甚だ望みがある。

▲名古屋電鉄の熱田伝馬町終点から約四丁、海岸に出《い》でゝ新設の神戸《ごうど》橋を渡れば、熱田電気軌道（現今敷設線一哩《まいる》八十鎖《ちえいん》）が昼は二輌、夜は三輌で、毎十二分毎に発車する、往復八銭で、水族館の門前に運んで呉れる。

65　名古屋教育水族館龍宮　龍宮内ノ漁業図　明治 43（1910）年開館の教育水族館裏手に設けられた八角形の建物で龍宮と名付けられた。

それから松や桜やの並樹の間を五丁程行って、正門に達するのだ。

▲水族館の館内には淡水産、鹹水《かんすい》産の種種の魚が放養してある。別室には剥製品、標本類、漁具雛形が陳列してある。小供のみでない、大人でも之を巡覧すれば確かに活きたる教育で、水産上の智識を養ふことが出来る。又館の一部に貝の玩具《おもちゃ》や簪や土産物を売らせてあるのは、面白い思ひつきだ。

▲館の裏には『龍宮』といふ別館がある。パノラマ式の階段を降りて又昇れば、直径八間の円形の建物を通じて、四百石の海水を容《い》るゝ水槽があって、其上部には鯨捕や打瀬《うたせ》網や膃肭臍《おっとせい》捕や、渺茫《びょうぼう》たる海上の光景が油絵で描いてある。然も槽中の海亀を始め大魚小魚が、悠揚として自由に遊泳する様は、真に遠洋の海中を見るやうで壮観である。

▲庭内の池には鰐や海驢《あしか》が放飼してある、其他築山あり、遊技場あり、潮湯《しおゆ》あり、飲食店（魚久）あり、南の海岸には砂を入れて海水浴場、水泳場に充てる計画で、無料の休小屋《やすみごや》も出来て居る。尚ほ水族館楼上を休憩所として、近日からは改良亭の西洋料理が始まる。時々集会、温習会《さらえ》などもある。一日を納涼に暮らすには、略《ほ》ぼ遺憾なき設備が出来て居る。

▲昨今は晩涼を趁《お》ふての客が多いから、電車は十一時迄

運転し、水族館は再昨夜から夜間開場をして、追て其灯光を電灯にする筈である。夜楼上の露台に休んだが、月は東天に出でゝ銀波を海上に流し、知多半島の山は模糊として墨絵のやう、築港桟橋碇泊の船灯明滅して、此れは油絵のやう、海風習々肌を吹いて、市外半里に此の楽境あるかを想はしめたのである。（なみ子）

水族館と同じく、同年名古屋に開館したもう一つ重要な施設は、三月一日竣工の愛知県商品陳列館である。これは本町通り沿い、門前町の旧愛知県博物館跡地に建てられた施設で、共進会の会期中は美術展会場にあてられた。その期間のこけら落としとして、新古美術展覧会と教育品展覧会が開かれている。両展の内容は次の通りである。明治四十三年三月十六日「新愛知」第三面から。

●共進会と各展覧会

▲新古美術展覧会　共進会の附帯事業として、今十六日から向ふ九十日間、中区門前町に新築の愛知県商品陳列館に於て開会せらる、総経費三十七万を以て成るルネサンス式の建物五百四十坪の階上階下に、県下及び各府県より蒐集《しゅうしゅう》した美術品、東西画、彫刻、陶磁器、七宝器、漆器、金属器、染織物、図案約一千余点を陳列する外、特に参考品として徳川、前田、細川の三侯爵、津軽、溝口、酒井の三伯爵、青山子爵家を始め三府及び県下の名家に秘蔵せらるゝ後醍醐天皇の御宸筆を始め義公、崋山、応挙、宗達、光琳、雪舟、貫之、馬鱗、竹洞其他知名大家の筆になる軸、短冊並に古器物約三百点を出陳するのである、館の正門を入って右《う》側《そく》二室即ち南が工芸品で北が西洋画、階上は南が東洋画、次が参考品、北の二室は全部東洋画の陳列場である、恐らく名古屋否関西としては、未だ曾《かつ》て見ざる處の大規模な美術展覧会で、共進会観覧者の是非一度は行って観るべき處である。

▲教育品展覧会　名古屋市教育会の主催で、美術展覧会場たる商品陳列館の一部と、外に同庭園に新築した建物とで、同じく本日から九十日間開会するもの、出陳物は本邦及び諸外国に於ける家庭、学校、社会各教育に関する資料と、県下并に各府県一部分の生徒成績品等であって、普通教育、実業及び各種教育、専門教育社会教育及び特殊教育、参考品の五部に分ち、凡そ一千種、類数万点を陳列する外、当市の特産品なる七宝焼、陶磁器の製造を実地に行って一般に観覧せしめ、又全国の新聞雑誌を蒐集して縦覧させる等、奇抜な趣

向が沢山ある。

同陳列館は、門前町から裏門前町にわたる構内六千二百三十八坪の敷地に、ルネサンス様式の一号館（総建坪五百五十八坪）を中心に、機械器具を陳列する二百十坪の二号館（機械館）および同坪の三号館（即売館）を併設し、さらに園芸用品のための屋外展示場、植物温室、和洋各会堂なども設置されていた。このほか、組織面では工業試験室および図案調整所も事務所内に設けられて産業振興をはかった。共進会の開催を契機に、このような恒久的な施設の設立、強化充実がはかられたことは、注目すべきことであり、いわば常設の博覧会場と言って差し支えない産業振興の拠点となった。

『大正昭和名古屋史』第四巻では、「本館においては、内外各地における商品及び参考品を陳列して公衆の縦覧に供し、当業者の委託に応じてその製産品をを即売し、機械・器具類を陳列し、またはこれを運転して公衆の縦覧に供し」と同館規則にもとづく事業概要を記している。同館はその後、大正九（一九二〇）年の道府県商品陳列所規程にもとづき、翌十年愛知県商品陳列所と改称した。昭和に入っては、昭和五年に門前町から東新町に移転したが、新館建設が懸案となり、竣工なったのは、昭和十一（一九三六）年のことであった。新館は御幸本町・南外堀町角に敷地を求め、この時名称を愛知県商工館と改めた。現在の愛知県産業貿易館のルーツに当たる施設である。しかし、明治四十三年新築竣工した愛知県商品陳列館は産業振興のみならず、純粋な文化事業の展覧会場、すなわち博物館、美術館に相当する活動も多々おこなっており、いわばミュージアムの原型となる施設であった。

共進会以降、久々の大規模な事業となったのが、大正七（一九一八）年春の衛生展覧会であった。この展覧会は名古屋市衛生課が主催し、水をテーマに衛生観念の普及をはかる目的で企画されたイベントであった。明治四十三年は、当時名古屋にはまだ普及していなかった上水道工事に着手した年でもあり、木曾川の犬山城直下に隧道を通して木曾川を水源として名古屋の東北、鍋屋上野の上水道水源地まで通水する工事にとりかかった。その後、大正三（一九一四）年に工事は完成し、同年九月より市内一円に給水を開始した。これは当時、人口の増大に伴ってネズミやハエ、カ、ゴキブリ、ダニ等の害虫によるペストやコレラといった伝染病が多発し、その原因として掘削の浅い井戸が問題となったのである。衛生観念の普及は、従来からの無料の井戸使用を有料の上水道に切り換えることから始めなければならず、これは相当の困難をともなった。それだけに親しみのある効果的なイベント装置が必要であった。そのあたりのことを前宣伝の新聞記事が伝える。大正七年四月十八日「新愛知」第五面から。

●新《あらた》に冷涼世界
商品陳列館の夜間開場が何やら事実になりさう

△**来る五月六日**　から向ふ四十日間名古屋市中区門前町商品陳列館に衛生展覧会が開かれる事になって居るが、夫《それ》に就き、着任以来鋭意水道普及に努めつゝある名古屋市水道課長鷲見公明氏は、この機会を利用して、水道衛生の普及といふ趣旨を兼ね水道といふ観念を公衆により深く与へたいといふ目的から

△**同館の庭園裏**　門を入った処に比較的大規模の水道設備を施す計画を立て目下それぞれ交渉準備中ださうな、その設計の大要は、何でも同館の後庭中央部に頗る奇抜な噴水を設けその周囲に水を湛え樹木を植ゑ、尚ほ水道衛生に因める飲食店等を設け、所謂

△**泉石置布の妙**　を凝らした設備をするといふにあるらしいが、これは既に昼間のみでなく、夜間も亦多くの電灯瓦斯に色彩を添へて入場者を歓迎したい希望があり、何《ど》うやらその話も交渉が纏まりさうであるといふから、多年市民の多くから希望されて居た商品陳列館の夜間開場が偶々

△**事実となって**　現はるゝ訳である。それのみならず鷲見課長を始め中村商品陳列館長も、この水道の設備の出来るのを好機に、寧《いっ》そ今年の夏期中夜間開場をやって、一般納涼客の涼み場にしたいといふ考へもあるらしい、若し左様なれば夏の夜の遊び場としては、大須の如く広小路の如く、徒らに熱鬧《ねっとう》の中をのみ潜って歩かねばならぬ市民は

△**茲に新たなる**　納涼場を得て、噴水が作る水晶簾のほとり、翠の樹蔭に飛沫を浴びて静かに一日の苦熱から脱《のが》れる事が出来るので、何人と雖もこの新たなる冷涼世界の出現を喜ばぬ者はあるまい。尚ほ夜間開場がいよいよ実行さるゝ暁には、名古屋市の重《おも》なる商店をして庭内の此処、彼処《かしこ》に

△**飲食店、遊戯店**　を経営せしめ、納涼客は表門と裏門と自由に通り抜けの出来るやうにし、更に出来得べくんば、商品陳列館でも夜間と雖もせめて別館の一棟と即売部位は公開したいつもりであると

66　（名古屋名所）商品陳列館　大正7（1918）年5月、衛生展覧会の開会に先立って、玄関門柱の上に一対の石膏像がお目見えした。

●衛生博近づく　開会はいよいよ五月十日（大正七年五月三日「新愛知」第四面）

◇既に工事中　である米国大統領白聖《ホワイトハウス》の噴水を初め、各国著名の噴水を写し並べた大噴水塔は、市水道課宇田技師指揮の下に既に大体の工事を終へ、近く通水せしめる程に進捗してゐるが、別に同噴水塔の内部を一目の下に知らしめるやう、其前面に約四尺の低地を穿って同噴水の断面を現はし、配水鉄管の敷設状況やメートルの回転状況をも

◇明瞭に知ら　しめる筈である。そして噴水塔の周囲には、二十四本の水栓を設けて自由に使用せしめ、尚ほ其の附近に各種の売店を出ださしめる事は、志願者が非常に多数に達したけれど、余り如何《いかが》はしい店は無論の事夜間開場もする事だから、成るべく風俗上の問題を惹起し安いものは一切避けしめる方針で、其の数も十軒以内に局限し先づ以てビール、氷店、水菓子、汁粉、すし、化粧物等

◇水に縁のあ　るものを許可する事にし、其指定人名も略《ほぼ》決定してゐるが、一切地代等無償で出ださしめる代り、値段を安く食器を精選し、店頭の装飾を充分に為さしめ、休憩所の便を計らしめる筈で、同所の夜間開場は今夏中継続し、噴水塔は成るべく永久保存のものにしたいとの希望を有《も》ってゐる。因に同庭園には衛生

展覧会と戦後品評会との文字を書き分けとした三角行灯を樹《た》て
◇夜は悉く灯《あかり》　を点じ、噴水塔附近にも無数の色電灯を配して、美観を添へる予定である。

この衛生展覧会の開会にあたっては、商品陳列館玄関も模様替えをした。玄関門柱の上に一対の石膏像が立ったのである。大正七年五月十日「新愛知」第五面から。

●自由の神を門頭に
新装成った衛生展覧会　十一日から正式に入場させる

名古屋市中区門前町の愛知県商品陳列館に開会する、名古屋勧業協会主催の戦後準備応用物産品評会及び名古屋市衛生課主催の衛生展覧会は、数日来両主催者側徹宵《てっしょう》陳列に従事中であったが、いよいよ九日中に
◆大体を終了　し、今十日は僅かに一部の装飾を余すのみとなった。両会共一般の観衆には十一日から正式に入場せしめる筈である、扨《さ》て出来上った会場内の陳列や設備は、大体に於て質素《じみ》な方ではあるが内容は比較的潤沢である。会場前には品評会と展覧会とを丸八の印章で結び付けた行灯式の大看板を道路一杯に掲げ、更に入口には
◆態々《わざわざ》東京の　彫像士松本作次郎氏に依頼して、両会から一個宛《づゝ》高サ二間に余る男女の平和の神の立像を石膏で拵《しつ》らへ、其所に先づ品評会らしい気分を漂せる。

この展覧会では、蝋細工による精巧な人体内部模型、それも絵葉書として残る口腔内部の歯並び模型のほかに、「是も精巧を極めた男女生殖器の梅毒に犯されしもの二十余点」まで陳列した。いかに性病予防とはいえ、ここまでくるとグロテスクな見世物と紙一重である。

この四年後、大正十一年に本町の旧控訴院建物（主税町《ちからまち》に煉瓦造りの新館を建築して移転した。その新館が現在の名古屋市市政資料館となっている旧名古屋高等裁判所である）を利用して開かれた婦人博覧会でも、胎児の発育過程が蝋細工となって展示されている。大正から昭和にかけて全国で衛生博覧会が流行ったようだが、こうした精巧な蝋細工の「こわい物見たさ」も一つ原動力となった点は否めない。

先に紹介したドイツ人俘虜の展覧会も、この愛知県商品陳列館で開催されたのであり、まさに名古屋における文化事業の殿堂であった。この陳列館は昭和五年に移転してな

67　名古屋市衛生展覧会後庭噴水之世界　大正7（1918）年5月開催の衛生展覧会で、愛知県商品陳列館敷地内の庭園に築造された噴水。世界各地の有名な噴水を模し、上水道への親しみを深めるねらいがあった。

68　婦人博覧会（館内の一部）　大正11（1920）年10月25日～11月23日、控訴院の移転で空き家となった建物で開催。胎児の発育過程を精巧な蝋細工で展示している。

くなり、水族館も同じく昭和十年頃には閉館してなくなった。現在は同じく港にはるかに大規模な水族館ができて人気を集めている。また博物館、美術館も市内各所に生まれてそれぞれの分野の専門館として運営されている。名古屋における、これらミュージアムのルーツとして、商品陳列館や教育水族館がかつて存在したことを、ほんの少しでも心に留めておきたいものである。

心の中のわが町なごや

夜景のラビュリントス

明治四十三年の共進会では、開会までは準備の進み工合や参加府県から何が出品されるかといった、緊張感にあふれながらも、共進会の開催意義をかなり意識した新聞記事が多かったが、いざ始まってしまうと、十銭の観覧料を払って何がおもしろいのかに視点が注がれた。別途観覧料を必要とする余興館や各府県の売店、食事のできる場所、広告塔等々…。それにもまして興味が注がれたのは、料金半額の夜間開場であった。夜の共進会と題して延々二十回もの連載記事が、わざわざ大きな活字を使って載っている。共進会場の観覧客を尾行するという生態ルポに近い記事で、それだけ、イルミネーションに彩られた夜の共進会場で繰り広げられる人間模様が注目を浴びたのである。陽の光が降り注ぐ昼間と、イルミネーションかがやく夜の雑踏では、人の行動は様変わりする。

しかし、こうした夜景そのものが、都会ならではの絵に

69 《原色版　夜の名古屋》8枚組絵葉書の袋
大正13（1924）年10月4日、修学旅行で名古屋を訪れた学生が土産に買い求めたもの。

70　鶴舞公園奏楽堂（名古屋）《原色版　夜の名古屋》の1枚。明治43（1910）年の共進会以後、一時はさびれた鶴舞公園も、大正4（1915）年6月以降、再び奏楽堂にイルミネーションが灯って宵の音楽会が催された。第三師団軍楽隊の演奏によって名古屋の人々は洋楽に親しんだのである。

なる景色なのであり、ここから夜景の絵葉書が誕生する。その一例として、手元に《原色版　夜の名古屋》と題する八枚一組袋入りで発売された絵葉書がある。ただし八枚全部は揃っていない。表に「大正拾参年十月四日　修学旅行記念　於名古屋市求む之　定価金貳拾銭也」とペン書きがある。都市の夜景を描く色刷りの絵葉書をお土産に買って帰ったものなのだろう。博物館所蔵品と照合して少なくとも、内容は広小路通り二枚、鶴舞公園二枚、熱田神宮一枚、東新町陸田ビル一枚、南大津町松坂屋一枚、名古屋港一枚、合計八枚までは判明した。ただ、松坂屋は大正十四年開業であるから、初版に含まれるはずはなく、改版後加わったものと思われる。八枚完全な復元は今のところできていないが、このほかに昭和十年前後のもので大須観音の夜景を描く絵葉書もある。名所の夜景が何を物語るのか、すこし探ってみよう。まずは夜景の先輩格、鶴舞公園から。

共進会が終わり、光も喧噪も消えた鶴舞公園は、人気もまばらでとりわけ夜はいささか妖しげな暗闇となった。公園の恒久施設として残された噴水塔も奏楽堂にも人影はない。せっかくの設備を生かそうと、五年以上も経った大正四（一九一五）年、野外音楽会が企画された。それも今回はムーンライトコンサート。天蓋には再びイルミネーションが点灯した。六月二十八日付「新愛知」第四面には、「一昨夜の鶴舞《つるま》公園奏楽堂の附近」と題した軍楽隊の演奏を聴衆が聴く風景写真付きでその記事が載る。

■□公園の奏楽□■

▲公園とは云へど　徒らに名なばり（＝名ばかりの誤植か）にて、久しく荒頽するままに任せてあった鶴舞公園の奏楽堂に、二十六日軍楽隊の演奏第一回が企てられた、新しい企て、其の事がパツと噂さるゝや、市民はどんなに首を長くして悦《よろこ》んで待ち構へて居たことだらう、まだ夕陽が西の山に隠れたか隠れない位の、靄《もや》が淡く芝草の上を匍《は》ひかけた頃から、市民は公園へ、公園へと潮の如く押掛けた、公園前に停《とま》る電車は何れも破《わ》れる程に浴衣の人を満載して、

▲車掌運転手達は　大狼狽の態《てい》、揉み合って鉄橋の下を潜る群集は、涼しさうな噴水に傍目《わきめ》も呉れずしてサツサと奏楽堂附近に到り、瞬《また》く間に附近は全く人の山、白衣《びゃくえ》の波、本当に怖ろしい程、夥しい人出である、

新しく塗り換えられた奏楽堂は、鮮かにイルミ子《ネ》ーシヨンを点じて、壇上の白服に揃へた二十余名の楽手の顔にも、何となう得意の色が窺《うかが》はれる、楽長の指揮杖に連れて、或は緩く或は急に、一上《じょう》一下《げ》軽く重く浮動する楽音は快く薄闇に散る、『鎗と刀』に初まって『騎砲兵』『アイダ』とプログラムが順次進む頃、八幡山の頂きより橙《ヲレンヂ》色のまん円《まる》い月が悠々と昇りかけて、群集はそれにも喝采した、公園の東南隅より時々上る花火は、天空に美しく散乱した、群集はそれにも歓呼の声を挙げた、

▲肝腎の音楽の微妙　なメロデイーは人のいきりに蒸されて、濛《も》やけた雲の様《よう》になって、空に消えて、何とやら物足りない様であったが、群集は亦その濛《も》やけた雲の様《よう》な音楽に酔《え》はされて、陶然として居た、佩剣厳《はいけんいか》めしい警官の提灯は、何とやら適《ふさ》はしからぬ光景を呈したが、群集は静まり返ってさも殊勝気に聴いてゐる、それから『ワルス蒼海』『花やもめ』『野遊び』『特奏曲』『越後獅子』『アルマ風の結婚』『伊太利《イタリー》デリーの戦』何れも上手だと云ふのみで、群集には曲の何が何であるやら、一向に判《わか》らなかったらしい、或は群集には花火の方が面白く見えたかも知れない、否曲が分《わか》らなくて宜い、兎に角、群集の何れもが一宵《そう》を満足に過ごして帰ったのは、大成功であった

白帽白服姿で演奏する第三師団軍楽隊の吹奏楽に聴き入る聴衆は、着流しの浴衣に、男はなぜか揃いも揃ってパナ

マ帽をかぶる。当時最先端の流行なのか、名古屋男児のダンディズムなのか。イルミネーション輝く奏楽堂でのウインドコンサートは、庶民のささやかな夜会となった。以後第三師団の軍楽隊は、この奏楽堂で定例の演奏会を開催し、大正末期の軍縮で軍楽隊が廃止されるまで、名古屋における洋楽の普及に貢献したのである。

この上品にすました演奏会にも増して庶民に受けたのが、活動すなわち活動写真＝映画である。出し物をあれこれ変える芝居小屋に対して、映画だけを上映する小屋を当時は活動常設館と称していた。明治四十三年十月十六日「新愛知」第七面には、映画がはやり始めたその頃の状況が次のように記される。

●活動写真通（1）亜米利加《あめりか》の産物　日本へ何時渡った

（前文略）

△活動写真の全盛期　流行の変遷《うつりかわり》の激しい物は、啻《ただ》に衣裳や髪飾のみで無く、一般の興行物に対する世間の嗜好《このみ》にも亦《ま》た激しい変遷がある、落語が女義太夫に追払《おっぱら》はれると、更に浪花節が御入来《ごじゅらい》を極込《きめこん》で女義太夫を放逐する、其後へ頭を擡《もた》げて当今又た浪花節を喰《くっ》て退《のけ》んとして居るのが、実に活動写真である、当市《こちら》には大須の電気館、文明館、広小路の中央電気館と、常設館は僅《わず》かに三箇所に過《すぎ》ないけれど、日本の活動写真界の大頭《おおあたま》に数へられて居る（以下略）

明治の末にはまだ数の少なかった活動常設館も、近世以来の芝居地だった名古屋一の歓楽街大須には次々と増えてゆく。また、記念写真を撮影する写真館も、明治後半から大須界隈に続々と開店した。もちろん賑やかな人出を当て込んでのことである。そしてもう一つ。江戸時代には名古屋城下では許されなかった遊廓も、明治以後官許となって大須観音のすぐ近くに「旭廓《しんち》」として出現した。猥雑さと妖しさといかがわしさを醸しつつ、大須は賑やかさを増してゆく。先の奏楽堂演奏会とさして変わらない時期に、歓楽街大須を探訪した記事が挿絵入りで連載されている。善男善女で賑わう観音様の門前は、夜も賑やかに、さらに喧噪を増す。大須界隈をルポした八回連載記事のうちの三回分、大正五年十月十九日及び二十三日、二十五日「新愛知」第四面から。

◆大須界隈（二）　チヨン兵衛記　スキー画　（十九日）
さしも熱鬧《とう》の巷《ちまた》である大須境内にも、幾らか夜らしい気分の漂ひ始めた午後十時過、瓦斯電灯の光が、あくどい絵看板の絵の具に照添ふ活動常設館の表には、客の影も疎らになって、機械室のフイルムの廻転する音が小耳に響いて来る、
その頃になると、活動写真の木戸銭も、ウンと相場が下って一人前二銭となる
「お馴染の日本旧劇は尾上松之助是からが僅《たっ》た二銭、サア被入来《いらっしゃ》い被入来《いらっしゃ》い」
と表方の印袢てんが銅鑼《どら》声を張上る、斯《こう》やって拾ひ込んだ一人前二銭づゝの収入は、所謂《いわゆる》別途収入といふ事になって、下足番や、呼び込みや、出札姫の、その夜の余禄となるとやらで、偖《さて》こそ一生懸命のドーラ声をふり絞る次第と判った、活動写真の名優尾上松之助丈も「是からタツタ二銭」扱ひにされては、得意の大目玉を剥いて恐縮な致す事でござらう
◆大須界隈（六）　チヨン兵衛記　スキー画　（二十三日）
是も大須の一名物、境内のところどころに瓦斯電灯の光りカクヤクとして、棚の金猫と達磨さんの目玉に光る遊技店には、玉拾ひの女が、白粉《おしろい》をコテ塗の、抜衣紋《ぬきえもん》宜《よろ》しくあって「一杯やって頂《ちょう》」を連呼する、
中には金猫よりも、景品の敷島一個よりも、この白粉の女がお目的《めあて》で、毎晩の如く通ひ詰るイナセ男もある、空気銃の筒口は正面を向いて居ても、肝腎の狙ひは女の白い面《かお》に附て居るのでポンと発つと、コロツプは思はぬ方に外《そ》れて、天井の電気の球を破《わ》り、美人は不意の損害に「アラアラマア」を連発する、岡焼の哥兄《あにい》連セ、ラ笑って「様《ざま》ア見ろい」
◆大須界隈（八）　チヨン兵衛記　スキー画　（二十五日）
遊戯店の空気銃がイリ豆の弾《は》ぜるやうな音を立てる間に交《まじ》って、動中静ありと云った形で魚釣り店がある、箱の中の鮒や鯉が賢いか、釣手の方が賢こいか、爰《ここ》もと人間と魚との知恵比べが始まると、そのぐるりには、又た閑人の群が一ト山二銭程盛り上って、見物をする、この連中の方が、よっぽど賢くない様子である
熊公一心不乱で竿を振廻して、今度こそは大きな奴を一尾《びき》と、懸声《かけごえ》もろ共ウンと引揚げると、鮒はチヤプリと筋斗《もんどり》打て水の中へ引揚げた、釣針が、運悪くも見物して居た八公の鼻の穴へプツリ「アツ痛《いて》え痛え」で大騒ぎ、箱の中の鮒や鯉が、大口開けて人間の愚を笑って居る。
　祭りの露店は別にして、常設の射的場など、今では鄙びた温泉場くらいだろうか。金色燦然の招き猫よりも、軽く倒れそうな煙草「敷島」よりも、白粉さんをねらう男がこ

71　吉田初三郎原画《名古屋名勝》より　大須観音夜景　(1930年代)　電灯が設置された後の景観。ただし北の空に半月はありえない。

の世にいなくならない限り、大須の夜はかますびしく更けてゆく。門前の商売店は明かりも煌々と。やがて観音堂に参詣の客も途絶え、夜もシンシンと更けてゆくと、旭廓《しんち》あたりから身につまされる新内流しの三味の音がむせぶように聞こえてくる。ところが、大須観音の寺院そのものの境内には、実はこの頃まだ電灯がなかった。多少なりとも明るくなったのは、翌年春四月半ばのことである。大正六年四月十九日付「新愛知」第五面に電灯設置の記事が載る。

●大須の闇が　電灯で明るく照らされる

▲名古屋市　中区門前町大須観音境内の観音堂の階段前を初め、鐘楼附近に合計九本の電灯が、こゝ一週間許《ばか》り前から点《つけ》られて、秘密を照すかのように、キラキラと闇を染めてゐる、その中でも堂前の二本は六百燭光で、他は何れも三百燭光と云ふ光の強い電灯であるから、今迄は何だか

▲薄暗かっ　た大須観音境内の夜は、それが爲めに非常に明るくなった、元来今度電灯の点けられた堂の附近は殊更に薄暗くて、例のバイオリン書生の浮世節と、鬮《くじ》飴の連中とで占領して、毎夜沢山の人を集めて居る、そしてこれから夏分になるとそこら辺りへは定まった

様に
▲怪《あやし》い男女 が現はれて盛んに風俗を紊《みだ》し、其筋の厄介になる者が尠《すくな》く無い、そこで今月の初め頃、境内で営業して居る露店の連中約七十名許りが相談して、さう云ふ弊害を除く手段と、今一つは是から夏にならうとする境内の美観を添へる爲に
▲電灯を点 ける事を協議した、そこで露店の取締である堂の両側寿司屋角屋の主人が境内を所有して居る宝生院《ほうしょういん》に此の事を交渉すると、寺の方ではそれは非常に宜い事だから是非やって貰ひたい、とあって費用は各自に
▲負担する 事として愈々電灯を点ける事となったのである、右に就いて所轄門前町署長今野警視は語る「今度大須観音境内に電灯の点けられた事は、風儀改善上誠に宜い思ひ附である、境内は余りに薄暗い爲めに怪しい女が出没したり暗いのを幸ひに
▲不正商人 が不正な物を売りつけたりするので、警察の方でも見付け次第引捕へて居るのであるが、これからは一層これ等の連中の取締を厳重にせねばならぬと思って居る矢先、電灯を点けられたのである、明るいと不正商人は勿論怪しい女もさうは活動が出来ぬ訳となる、この電灯の点いたのは警察が
▲干渉して やらした様に評されて居る相だが、警察では全く何の干渉もして居ないのである」云々

顔も見えない夜の暗がりだからこそ、怪しげな空間となるが、一方昼間は昼間で、明るい場所だからこその、ちょっと微妙な視線が飛び交っていたらしい。観音様の面前は、いわば晴れ舞台。その御利益たるや、絶大である。同じ連載記事の第五回、大正五年十月二十二日「新愛知」第四面から。

◆大須界隈（五） チヨン兵衛記　スキー画
善男善女の往来で、日がな一日階段を踏み鳴らす下駄の音が、耳を聾するばかりの観音堂に、お母さんに連られた文金の高島田と、お父さんに伴なはれた苅込髭《かりこみひげ》の当世男とがぶらりぶらりと廻廊を歩きながら、観音さんへ参詣するでもなく、境内の賑はひを見物するでもなく、其辺の様子が頗ぶるテコヘンだと思ふと、その文金島田と苅込髭との眼と眼とから発射する一種の電光に依って、初めて此の男女が見合《みあい》に来て居るものと判った、大須観音境内が名古屋市中は元より、郡部の結婚者の見合の場所となって居る事を、交番所のおまはりさんに説明されて、初めてチヨン兵衛ハハーンと合点が参る

観音様の門前なればこその光景と思えば、なぜ大須が市中一番の繁華街となりえたかも、納得がいくというものである。大須観音境内の絵葉書はさまざまあるが、ほとんど観音堂前の景観を写したもので、露店のあるなしいろいろである。先の電灯設置の記事にもとづいてよく見ると、確かに電灯のあるものないもの双方の絵葉書があり、撮影時期がこの大正六年前か後かで、おおまかに判別できるのである。後年、昭和に入ってからの作品で、この電灯のともった夜景を描いた絵葉書がある。大正広重と呼ばれた吉田初三郎が昭和十年前後に原画を描いたもので、電灯のともる観音堂の夜空に煌々と月が輝く（一四九ページ参照）。いかにも、境内の夜景の雰囲気をかもして、しばしの間見入ってしまう魅力をもっている作品ではある。

だがしかし、南面する観音堂の夜空は北の空。北極星あるいは北斗七星ならば問題はないが、月はありえない。現実の景観ではない。ここにあるのは、幻想の夜景なのである。同様に、大正十四年移転開業の松坂屋夜景もしかり。「松坂屋呉服店（名古屋）」は大津町通り南西方面から松坂屋の夜景を描く。新装なった百貨店の窓には色とりどりの照明がともり、街路灯は通りを行き交う人々を淡く照らし出す。夜空には満月と月明かりに照らされる雲。が、その空は北の空である。熱田神宮夜景絵葉書も本殿の上、北の空から満月が煌々と参道を照らす。知らなければ趣のある絵葉書のマジックがここには生まれている。いかにも夜景といった風情が醸し出されてはいるが、制作者が作為を意識するかしないかにかかわらず、現実にはありえない夜景を描き出してしまった。これらの夜景絵葉書は、写真機で切り取った景観とは次元の異なる、幻想のラビュリントスをも生み出したのである。

他方、華やかな洋風建築が林立し始めた広小路通りも、ビルに色とりどりの明かりがまたたくモダンな夜景を現出し、絵葉書には格好の題材となった。大正六（一九一七）年十一月十一日に開店した十一屋呉服店階上から広小路通りを西方と東方それぞれに夜景を描く。

東には天蓋も優雅ないとう呉服店や煉瓦造りの日銀名古屋支店が夜空に浮かび上がり、その遙か東方、東新町の角には陸田ビルの薄墨色の影。近景として、昭和五年愛知県商品陳列所が移転入居した東新町交差点西南角の「陸田ビルディング（名古屋）」も東側から明かりのともるビルの

72　松坂屋呉服店（名古屋）　おそらくこれも《原色版　夜の名古屋》の１枚と思われるが、松坂屋は大正 14（1925）年５月１日開業なので、初版には含まれていなかったはずである。写真と異なり、手彩色のスケッチでは、このように北の空に満月を描くことも自在である。

73　熱田神宮（名古屋）《原色版　夜の名古屋》の１枚。本殿の上空、北の空から満月が参道を煌々と照らす。これも現実にはあり得ない、幻想の景観である。

74　広小路通り（名古屋）《原色版　夜の名古屋》の１枚。十一屋呉服店階上より夜の広小路通りを西方に望む。路面電車が前照灯をともして次々と走行している。遠景の高層ビルは七層閣である。

75　広小路通り（名古屋）《原色版　夜の名古屋》の１枚。こちらは同じ十一屋呉服店階上より東方を望む。いとう呉服店や日銀名古屋支店のドームが夜天に浮かぶ。

夜景を描き、通りには前照灯をともした自動車や市電が行き交う。背景の夜空には雲の向こうに月明かり。
一方、広小路通りの西には通りを挟んで名古屋郵便局や明治銀行、遠方遙かには七層閣の窓それぞれに明かりが灯る。通りの中央には路面電車が前照灯を照らしながら次々と走り、その合間には当時少しずつ現れ始めていた自動車が走行する。道の端には点々と続く街路灯の中に自転車のライト。さまざまな色、さまざまな明るさ長さの光が次々と行き交う。この広小路通りの夜の賑わいを、新聞は次のように伝える。時は大正七年七月十一日「新愛知」第五面。

◇名古屋の夏の情調《じょうちょう》　巻の四（広小路柳の町の雑踏）　杏二画記

炎熱九十何度（華氏による温度表記で、摂氏三十二度強）といふ様《やう》な赫々《かっかく》たる太陽が裕然として西の山へお降《くだ》りになると、街の涼み人の足が広小路てふ騒音の街に続く、涼み人とは名ばかりにて、その街たるや頗る涼風に乏しく、且つ光の街は砂ほこりで煙って居る。その雑踏の中を……きらびやかに着飾った男女、宿屋着の浴衣を着た旅の人……その人達を見に来た人、その人達に見せに来た人、押し合ひへし合ひの大混乱を呈して居る……この混雑に相応《ふさわ》しい騒音を立てゝ、時々自動車といふ文明の生んだ厄介者が傲然として走って行く。

鉄道の開通にあわせて整備された広小路通りは、すっかり大都会の目抜き通りとなっていた。電車に続いて自動車が出現したことは、さらに新たな社会問題をもたらす。同年初頭、名古屋市で初めての自動車による交通事故の死亡者が発生した。その詳細は大正七年二月十五日「新愛知」第四面に大きく報道されている。

●自動車人を殺す　名古屋市ではこれが初て　何の因果か折角引越して直ぐに落命

尾張西春日井郡六郷村大字大曽根正吉二男にて同村大曽根丸八自動車会社の見習運転手なる渡辺可之《よしゆき》（二十一）は、十三日午後九時半頃、市外大曽根町料理店十洲楼から

▼お客二名と　大和連の芸妓二名を自動車に乗せて、名古屋西区園井町の待合梅林方へ送り込みたる上、同夜十時二十分空自動車を操縦しながら帰途につき、東区長塀町通りに差掛りたる処、前方に人影なきを幸ひ、北側の車道を東方に向って

▼全速力を以 て駛走《しそう》したる折柄、同町六丁目七番地亜炭採掘業勝部繁太郎（四十八）が、同町の長寿湯からの湯帰りに、北側より電車線路を南側に横切らんとしたるに衝突せしめ、自動車の速力が速かりしため、繁太郎は三間ほど刎ね飛ばされ俯伏《うつぶ》しに
▼地上に打倒《うちたふ》 れ前頭部を強《したた》か打撲したる外、両足、両腕抔《など》に数ケ所に擦過傷を負ひ、脳震盪《のうしんとう》を起して人事不省に陥りたるを、運転手渡辺を始め通行人が、東区高岳《たかおか》町加藤医師方へ吊り込み、応急手当を受けさせ直に蘇生したるも、殆んど昏睡状態なりしが、
▼手当の甲斐 なく翌十四日午前二時三十分終に絶命せり、所轄鍋屋町署より中村部長現場に出張し、検証せし上、運転手渡辺を本署に引致《いんち》、目下取調べ中なり、而して十四日午後三時頃名古屋地方裁判所より石橋検事、堀川書記と共に現場に出張し、衝突の箇所に就て実地検証を爲したり、聞く処によれば、被害者の繁太郎は元高岳町二丁目に住居せしを、都合により前記長塀町に
▼移転する事 となり、移転したるは十三日にして、乃はち移転した其の日にこの奇禍を蒙りたるものにして、同人はまるで命を落すために移転したやうなものなり、而して名古屋市内に於て自動車が通行人を殺した事故は今度が初めてなりと

今に至る自動車による交通事故死の始まりである。幻想的な大都会の夜景には、裏にこんな魔物がすでに棲みついていた。しかし悲しいかな、世の中がすでにこの魔物から逃れられない迷宮になっていることに人々が気づくには、長い時間が必要であった。

電車でめぐる名所遊覧

大正十（一九二一）年八月二十二日、名古屋市は隣接する周辺十六町村を編入合併し、市域を大きく拡げる。さらにその翌年、運賃問題に発した電車焼き討ち事件まで起きて、長く懸案となっていた電車市営化がようやくなり、大正十一年八月一日をもって、市内の路面電車の経営が名古屋電気鉄道から名古屋市へ移管されて、ここに市電が誕生した。この日以来、名古屋の市電は明治四十（一九〇七）年十月三十日制定の市章「㊇」（まるはち）マークを付けて走り出す。ここから市電は「走る㊇（まるはち）」とも呼ばれた。そして、市民の足としてさらに軌道を延ばし、

76　大正10（1921）年8月22日合併後の名古屋市域と翌11（1922）年8月1日市営移管後の市電路線図　市域は西・東・中・南の4区制で、市電路線図は赤線で描かれる。この市電路線は昭和初年代のもので、浄心−押切連絡線、そして東郊通の堀田までと高辻から分岐する滝子までの路線が完成している。

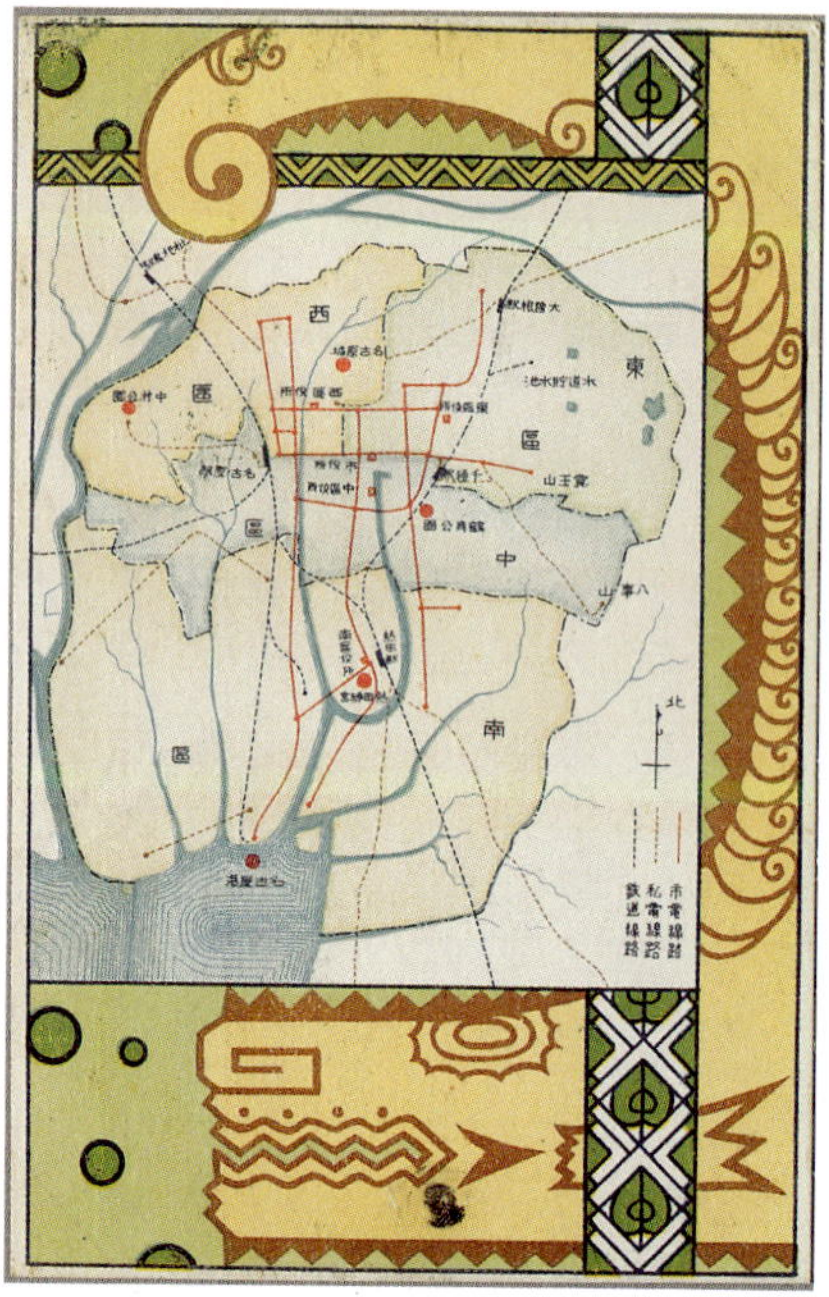

前年一気に拡大した市域の東西南北各方面へ広がっていった。運営にあたったのは市電誕生と同時に発足した名古屋市電気局。発足当時は電車とともに市の職員へ移った名古屋電気鉄道市内線の社員であった。

「併合記念大名古屋市図絵葉書」には市域の広がりを示す地図が、「電鉄市営記念絵葉書」には市電誕生時すでに旧市街から郊外各地へ延び始

77　大津町通り　大正14（1925）年5月1日新たに開業した松坂屋屋上より名古屋市街を北方に望む。この前年には広小路通り以北の大津町通りも拡幅されたが、交差点東北角の日銀名古屋支店が障害となって、栄町交差点はS字状にカーブしている。中央少し左手後方には名古屋城天守閣がまるでピラミッドのようにそびえる。No.94にクローズアップ（部分）を掲載。

めている路線図が赤く示されている。大正後半以降に発行された広小路通りの名所絵葉書には、定員を増やすために長大化した市電のボギー車（複数のボギー＝台車を用い、交差点等の曲線区間でも円滑に進行できるよう改良された車両）をはじめ、タクシー、トラック、乗合自動車（乗合バス）などの新しい交通機関が登場する。そして、市電が誕生して十年もたたない、大正末から昭和初期にかけての頃、名古屋市内で遊覧先となった名所をよく示す一枚の絵葉書がある。発行したのは松坂屋である。

大正も終わりに近い、大正十四（一九二五）年三月二十四日、大津町通りに鉄筋コンクリート製の巨大ビルディングが姿を現した。いとう呉服店の新館である。明治四十三年三月五日に開業した栄町角の建物が手狭となり、新館を建築して移転したものである。大正十四年のこの日落成式を挙行し、商号を松坂屋へ変更した後、同年五月一日に晴れて新館が開店した。ここで取り上げるのは、この松坂屋が開店して間もない頃に発行したと思われる絵葉書である。これは松坂屋を中心として、東西に広小路通り、南北に大津町通り、名古屋・熱田・千種・大曽根各停車場と鉄道線路を赤線で表示する。

そして市内各所の遊覧先をイラストで示し、おおよその到達時間を書き入れて、あわせて自動車、人力車の手配を

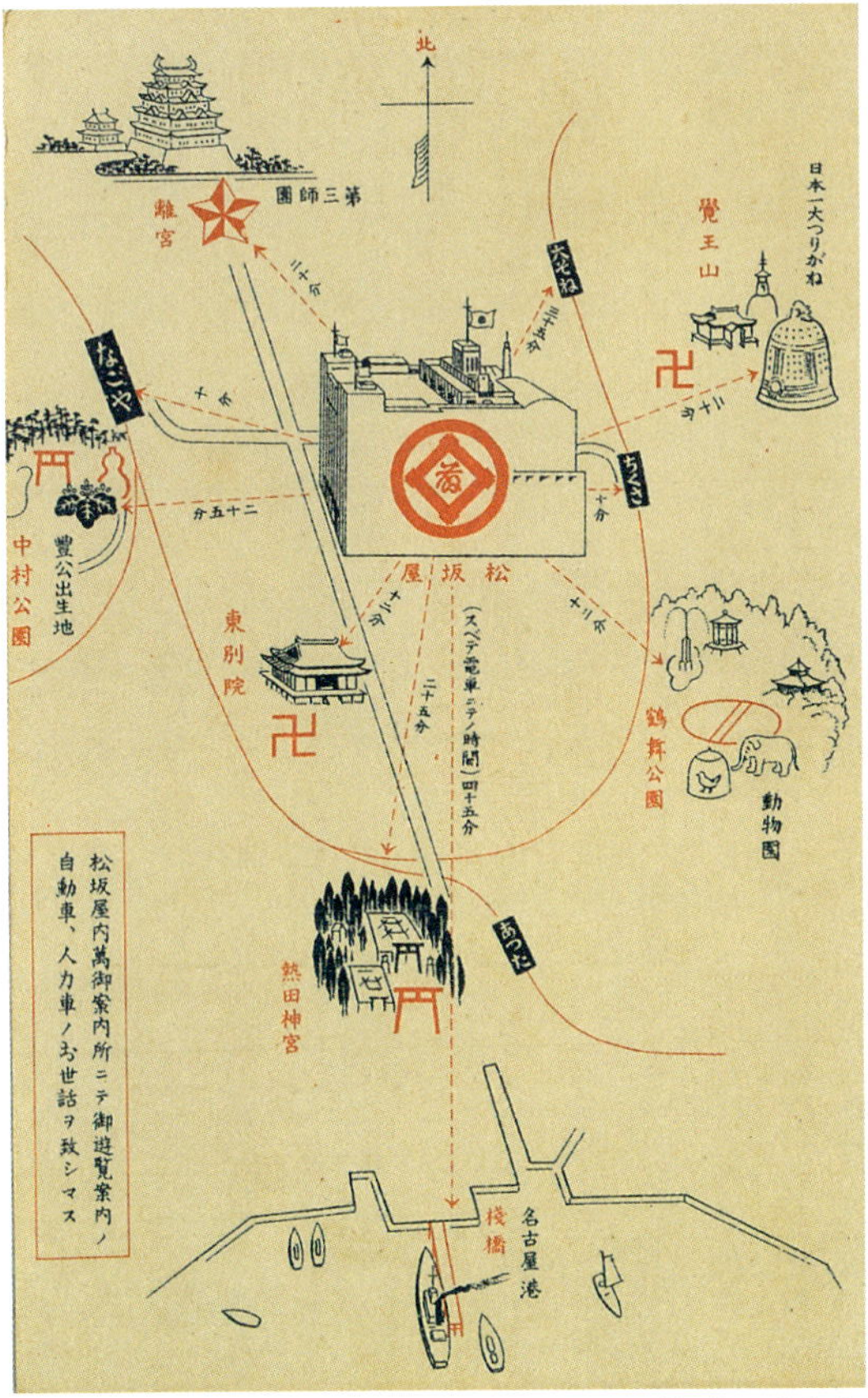

78　松坂屋宣伝絵葉書　松坂屋から市内および郊外の遊覧先をイラストと到達時分で案内する絵葉書。「離宮」の表現から昭和５（1930）年以前のもの。各遊覧先のイメージを的確にとらえている。

も案内するという宣伝絵葉書である。ここに遊覧先として登場するのは離宮・第三師団、東別院、熱田神宮、そして郊外の日暹《せん》寺、鶴舞公園、中村公園、名古屋港である。

このうち離宮・第三師団とは名古屋城のことであり、日本の陸軍を示す星章とともに天守閣と隅櫓が描かれる。維新以後昭和に至るまでの名古屋城について経過を略記すると、次のとおりである。明治六年、城郭内に名古屋鎮台を開置し、第三軍営とする。翌年七月九日郭内は陸軍省の所管となり、明治二十一年五月二十一日、第三師団と改名。庁舎が二十年末に完成した師団司令部は三の丸の旧天王社跡に、師団の核となる歩兵第六連隊の兵営は二の丸（現在の愛知県体育館および北側の旧二之丸庭園跡）に設けられた。その後、名古屋城本丸は明治二十六年六月一日、陸軍省から宮内省へ移管され、以後名古屋離宮と称す。主として行幸啓に際しての皇族の宿泊所として用いられた。その後長く離宮のままであったが、昭和五（一九三〇）年十二月十一日、名古屋離宮は廃止され、離宮跡は名古屋市に下賜。同月十三日、天守閣、本丸御殿、櫓門等は国宝に指定された。翌昭和六年二月十一日、当時紀元節であった日をもって一般公開するに至った。先の松坂屋の絵葉書中は、名古屋城を「離宮」と表していることから、この昭和五年離宮廃止以前の状況を示している。先に大正十四年松坂屋開店後まもない頃と述べたのは、このことによる。

当然のことながら、陸軍省管轄当時も、離宮当時もまだ一般庶民は名古屋城内へ自由に立ち入ることは許されなかった。明治四十三年の共進会当時、格別の配慮による拝観許可の際にも、服装一つとっても規則が厳しかったのは宮内省管轄の離宮だからであった。天守閣やその屋根上の金鯱、隅櫓等は、庶民にとってはあくまでも濠の外から遠く仰ぎ見る存在でしかなく、この点では藩政時代と何ら変わらなかったといえる。城内の光景が絵葉書で普通に登場するようになるのも、城内拝観が可能となったこの昭和六年の一般公開以後のことである。

そして鶴舞公園。すでにたびたび本書でも登場した。共進会以後、噴水塔、奏楽堂、金閣寺を模した貴賓館の聞天閣は恒久施設として残り、これらは松坂屋の絵葉書にも描かれている。そしてその後、新たな施設として、まず公園附属の動物園が大正七年四月一日に開園。昭和十二年三月、東山公園に動植物園を開設して移転するまで、子どもたちや市民の憩いの場として親しまれた。松坂屋の絵葉書にはゾウと釣鐘形ドームの禽舎が描かれている。その後愛知医科大学（現在の名古屋大学医学部の前身）が附属病院と共に公園北隣に大正九年七月十一日開校。名古屋市立図書館（現在の名古屋市鶴舞中央図書館の前身）は、大正十二年十月一日に開館した。

鶴舞公園では、先にも述べたように昭和に入った後、昭和三年には御大典記念の名古屋博覧会がこの公園で開催され、二年後の昭和五（一九三〇）年十月十日には公園敷地内に名古屋市公会堂が竣工なった。さらには博覧会の巨大な本館跡地に運動場（陸上競技場）が整備され、和洋折衷の庭園を核として文化・教養・スポーツ・医療等の多様な設備が揃うという、いわば名古屋の近代化を象徴する場所となっていった。

東別院は正式には真宗大谷派名古屋別院といい、一般には「東本願寺別院」とかもっと短く「東別院」「お東さん」「ごぼさま（御坊様）」等と親しみをこめて呼ばれる市内屈指の大寺院である。明治四十三年の「名古屋市全景絵葉書」でもその大屋根は、周囲の町屋を圧してひときわ大きく目立つ。名古屋城本丸に離宮が開設される以前は、皇族の宿泊施設となる行在所《あんざいしょ》も置かれた。巨大な寺院建築に対して絵葉書では「清浄、荘厳」「広大なる伽藍」といった表現が連なる。真宗門徒の多い名古屋地方にあっては、きわめて重要な地位を占める寺院である。

東別院からさらに南下すると旧東海道宮の宿＝熱田である。熱田神宮での祭事には年間を通して多々あるが、農業が日本の主産業であった当時、農民にとってその年の農作物の出来具合を占う四月八日の花の塔祭が、きわめて重要な祭りであった。花の塔は新聞にも毎年挿絵入りで紹介されるほどで、近在の農民が多数作り物見物に訪れる。本殿や別宮八剱宮、参道や巨大な石灯籠、鬱蒼とした神苑、東西の門（春敲門・鎮皇門、ただしいずれも戦災で焼失）、四季折々の祭礼神事、所蔵の宝物を写したものなど、熱田神宮の絵葉書はバラエティーに富んでおり、それだけ、年間を通して参拝者の絶えない名古屋近在の人々にとっては重要な神社であった。松坂屋の絵葉書では、直立する樹林の中に本宮と別宮の神域を略記し、大小の鳥居を描くのは熱田神宮の景観イメージである。

熱田神宮からさらに南下すると築港《ちっこう》＝名古屋港である。松坂屋の絵葉書では栈橋が朱色で海に突き出し、そこに黒煙をあげる蒸気船が横付けする。熱田神宮から築港行の電

79 （大名古屋）熱田神宮鎮皇門（国宝） 西御門（鎮皇門）は昭和３（1928）年４月４日に旧国宝指定となったが、昭和 20 年７月 29 日の空襲で焼失した。熱田神宮ではこのほかに東門（春敲門）や信長塀に続く海上門も焼失した。いずれの門も再建されていない。

車に乗れば、築港まで行くことができた。江戸時代には熱田湊として、東海道の宮の宿が置かれていたが、遠浅で碇泊に不便であったため、明治二十九年から十五年の継続事業として航路の浚渫と、埋め立てによる岸壁および桟橋の建設で明治四十（一九〇七）年、ようやく第一期工事を終えて開港するにいたった。その後外国航路も就航し、輸出入のために大阪税関支署も設置された。

名古屋の西方には、松坂屋の絵葉書では「豊公出生地」の文字とともに豊公＝豊臣秀吉を象徴する瓢箪と桐文が書き込まれ、その左に松林を背景として鳥居が描かれる。これは秀吉を祀る豊国《とよくに》神社を暗示する。さらにその左手には中村公園の池（瓢箪池）が不完全な曲線で加わっている。神社は明治十八年創建で、その後明治三十四年一月十一日、地元有志による中村荘保存会より中村公園敷地の寄付を受け、県有地とした上で、同年十一月中村公園の築造工事に着工。明治四十二年さらに付近一帯を拡張。この時、記念館、料理店、茶店などを整備し、翌明治四十三年六月十日、郡部初の県営公園として開園した。

大正十年七月二十六日には、隣接する常泉寺境内に豊太閤銅像を建設（ただし後述するように、昭和十九年金属供出で撤去され、現在建っている像は戦後再建されたものである）。同年八月の周辺郡部十六町村の名古屋市編入合併にともない、大正十二年四月一日、公園管理は愛知県から名古屋市へ移管された。この間には、日本庭園などが造園の専門家の助言を受けて整備されている。その後昭和に入ってからも公園への参道に朱色の大鳥居が建てられ、赤鳥居と呼ばれて親しまれた。さらに昭和七年には豊国神社の玉垣、鳥居等の修築整備がなされた。近くには名古屋城天守閣の石垣を築いた加藤清正の出生地とされる妙行寺もあり、鶴舞公園とはまた趣の異なる、戦国武将ゆかりの庶民的な公園となっている。

最後は覚王山である。松坂屋の絵葉書では、名古屋の東郊に本殿と奉安塔、そして「日本一大つりがね」の見出し付きで梵鐘が大きく描かれる。ここは当時の暹羅（シャム＝現在のタイ）国王より日本へ分与された釈尊遺骨を安置するため、明治三十七年十一月十五日新たに造営された寺院で、覚王山日暹《せん》寺という。明治三十三年に釈尊遺骨がシャムから日本へ将来された後、京都妙法院や名古屋大須の万松寺で仮奉安され、日暹寺でも当初しばらくは本堂内に仮安置されていた。恒久施設としての舎利塔は大正四年五月三日起工式、三年後の大正七年四月八日、仏教発祥の地、インドのストゥーパを模した釈尊御遺形奉安塔が落成、引き続いて同年六月十一日から十五日にかけて落慶法要が執りおこなわれた。

覚王山の梵鐘は高さ一丈七尺五寸、直径九尺五寸という巨大なものが計画され、大正十三年四月十五日にできあがった。しかしながら、その後の調査で鋳造が不完全と判明し、年末から翌年にかけて改鋳された。『名古屋市総合年表大正編』には、「大正十四年二月二十六日覚王山日暹寺大梵鐘試撞初めをおこなう」と記され、いわく付きの梵鐘がようやくここに完成した。同寺はどの宗派にも属さず、仏教各派の持ち回りで管理にあたる独自の運営がなされている。こうしたことから、いつしか境内敷地や墓園一帯にかけて四国八十八か所巡りの小堂宇が建立され、今でも毎月二十一日には弘法市がたって善男善女で終日賑わう。なおシャムからタイへの国号変更にあわせて、昭和十七年三月、日暹寺は日泰寺と寺号を変更している。

以上、こまごま述べた市内の遊覧先を歌にした絵葉書がある。絵葉書といってもほとんど文字ばかりで、ご当地ソングの歌詞カードと説明する方が正確なのであろうが、形式は絵葉書なのである。名前は「名古屋音頭」という。もともとは昭和五年十月十日開催の名古屋市人口百万記念大会に際して、名古屋市電気局が編集発行した絵葉書五枚組のうちの一枚である。しかしこの時の人口百万人突破とは、同年十月一日に実施された国勢調査で、百万人を「突破するであろう」という半ば期待混じりの推測に基づくもので、十二月十六日公表の速報値は九十万七千四百四人であった。十万人も足らなかったために市幹部は呆然、正しく人口が百万を越えたのは四年後の昭和九年のことであった。この「名古屋音頭」の歌詞は次の通りである。

（一）片端線から　ソレ　天守閣みれば
　夫婦金の鯱　ナモ　ほどのよさ
　雨にぬれよと鯱は鯱
　ここで降車《お》りましよ　ササ　お城見に

（二）走る〇八　ソレ　伝馬町行けば
　深いあの森　ナモ　熱田さま
　鳥が立とうと白鳥が
　ここで降車しましよ　ササ　お詣りに

（三）広い十字路《クロス》よ　ソレ　ここ上前津
　西は大須の　ナモ　門前町
　願ひかなへる観音さんの
　恋のおみくじ　ササ　引いてみな

（四）さあさ降車りましよ　ソレ別院前よ
　揃ふてお詣り　ナモ　ごぼうさま
　お庭にや桜が散るぞえな
　散らぬは二人の　ササ　恋の花

（五）十字路《クロス》ぢや下車ぢや　ソレ　公園前よ
　聞いて貰ふよ　ナモ　聞天閣に
　闇の噴水なぜ澪らす
　逢ふた二人の　ササ　顔と顔

（六）ここは終点　ソレ　覚王山よ
　長い参道《みち》筋　ナモ　献上《あげ》灯籠
　土産にや釣鐘《かね》のお菓子かよ
　包むあの娘《こ》は　ササ　愛嬌もの

『総合名古屋市年表昭和編（一）』では昭和九年末の項に、この年と題して「〝偉大なる田舎〟といわれる名古屋もモダン化して来た、こんな歌が流行しかけ、十年頃から大流行」の前書きを付し、上記の歌詞のうち、三番と五番を紹介している。

走る㊇（まるはち）すなわち市電を乗り降りしながら名

80　吉田初三郎原画《名古屋名勝》より　朝影すがすがしき熱田神宮　(1930 年代)
昭和 10（1935）年 11 月遷宮後の景観を描く。

81　吉田初三郎原画《名古屋名勝》より　黎明の名古屋港　(1930 年代)
名古屋市は昭和 9（1934）年に人口が 100 万人を突破し、日本有数の工業都市として成長した。名古屋港は輸出入の貿易港として、大型船が頻繁に出入りするようになった。

古屋市内各所を遊覧する有様は、先の松坂屋絵葉書はじめ、各所の絵葉書のイメージと折り重なってゆく。これらが新旧取り混ぜながら、明治から昭和にかけて名古屋っ子の心にできあがったいわゆる近代「名古屋名所」のメンタルマップにほかならない。

こうした近代名古屋の名所を取捨選択してできあがったのが、発展著しい名古屋を訪れる遊覧客向けの「名古屋名所」「名古屋名勝」と題した絵葉書であり、昭和に入って、おそらく昭和五年の人口百万人突破記念大会（つかの間の幻であったが）頃からと思われるが、「大名古屋」「大名古屋名所」「大名古屋美観」「大名古屋一六景」「躍進を誇る大名古屋」と大仰な題名をつけた一群の絵葉書なのである。

異郷でつのる遙かな想い

昭和十年代発行と思われる三枚組の絵葉書が二種類ある。一つは《工業都市大名古屋》と題して、名古屋城天守閣、熱田神宮と覚王山奉安塔、東山公園と大須観音、の三枚で市内の名所をとりあげる。題名の「工業」は名古屋を飾る言葉であって、中身とは関係ない。もう一方は《恩賜名古屋城》で、こちらはその名の通り、昭和五年末に下賜された名古屋城天守閣を異なるアングルでとりあげたもの。何の変哲もない、いわゆるお土産用の名所絵葉書とみなしてもよいものである。いずれもモノクロ写真をそのまま絵葉書としたもので、印刷ではないが、これはさして問題ではない。この二種類の絵葉書に共通することは、ともに外装紙に「戦線の将士に郷土のお便りを！」の文字が刷り込まれていることである。

これらは海を越えて戦地へ赴いた将兵に対する慰問用の絵葉書であった。戦意高揚に役立つかどうかは定かではないが、泥濘の戦地で故郷を懐かしみ、少なくとも一時の慰みとなったことであろう。確かに兵士は安らぎに飢えていた。同じように「戦線へのお便りに慰問袋に」と外装袋に刷り込まれた八枚組絵葉書が手元にある。《大名古屋》と題して名古屋の絵葉書問屋菊花堂が発行したものである。名古屋名所の絵葉書なのだが、これは従来のものとは少し異なり、名所一枚ごとに一つずつ、戦時下のスローガンがこれでもかと異なる色で刷り込まれている。きわめて戦時色が濃いと言わざるをえない絵葉書である。

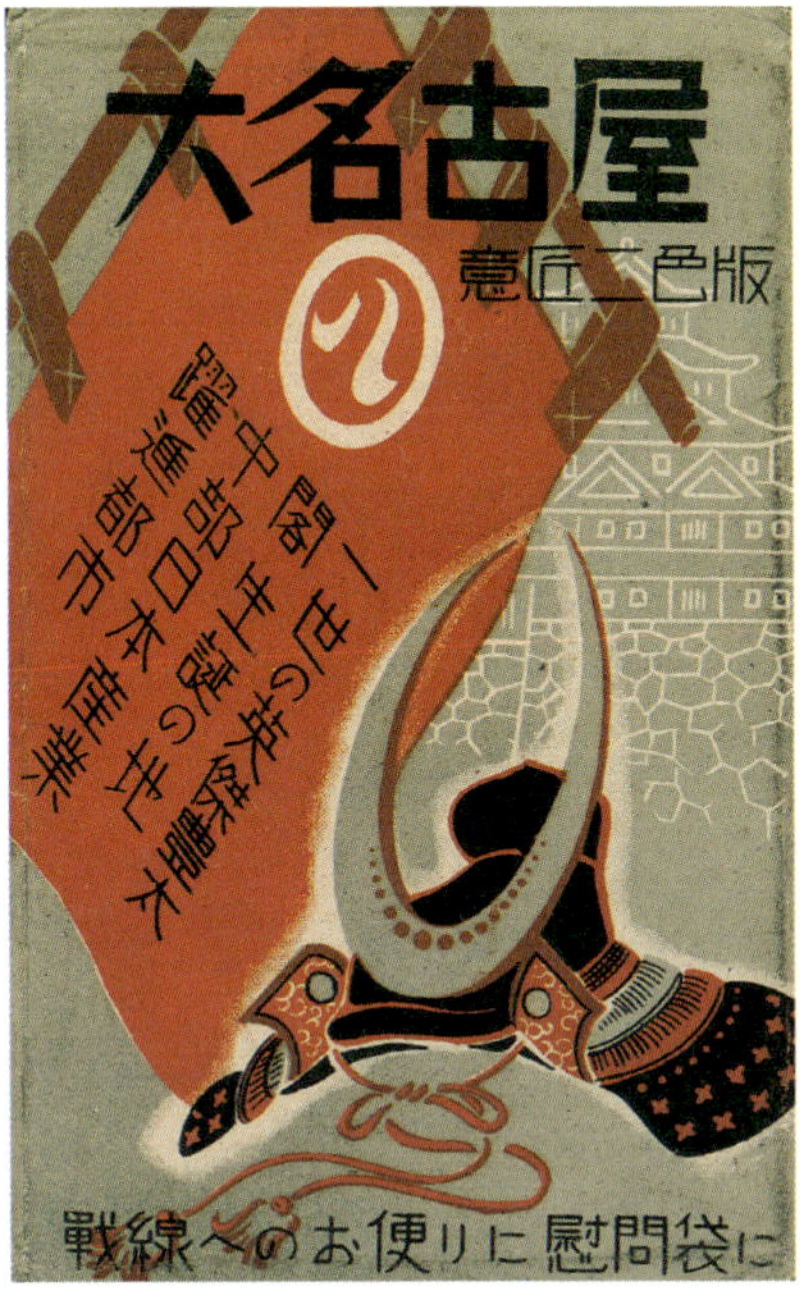

82 《大名古屋》8枚組絵葉書の袋　最下部に「戦線へのお便りに慰問袋に」と刷り込まれる。昭和12（1937）年7月の日中戦争勃発以降、日本は戦時下となっていった。この絵葉書集には「日泰寺」の表記が登場することから、昭和17（1942）年4月以降の制作と思われる。

昭和十二（一九三七）年七月以降、日本は中国に対して戦闘行動を開始し、宣戦布告をしないままに事実上の戦争状態に入ってしまった。日中戦争の始まりである。同年九月二十五日、官制公布された内閣情報部における国民精神総動員の宣伝施策の一つとして、標語の考案普及や文学・美術・音楽等による文化工作があった。先の名古屋で発行された二種類の絵葉書にみる「戦線の将士に郷土のお便りを！」という標語もこうした一連の流れの中で理解すべきものであろう。巷には「挙国一致」「尽忠報国」「欲しがりません勝つまでは」「勝って兜の緒を締めよ」等々、「堅忍持久」（この言葉も昭和十二年作の造語であって、本来は「堅忍不抜」である）を強いるスローガンが世に満ちあふれていく。これらのスローガンは、学校における教育勅語、軍隊での軍人勅諭と同様に、市井の人々を経済的にも精神的にも囲い込み、国家が国民に強制する「正義」の言葉であった。そして戦線は中国大陸で膠着状態に陥り、さらに西太平洋から東南アジア各地にまで拡大してゆく。

軍部がいかに太平洋開戦当初の戦果を誇示し、戦意を高揚させようとしても、昭和十七年六月にはミッドウェー海戦で米国海軍に敗退し、日本は制海権・制空権を失いつつあった。そして同年八月には米軍が陸海統合による海兵隊のガダルカナル島上陸作戦を開始し、日本軍は兵站線を絶たれて取り残された将兵が飢餓と疫病にさいなまれる危機に陥る。翌十八年二月、ついに日本軍はガダルカナル島を撤退。以後、米軍は島伝いに勢力圏を北に広げ、じわじわと日本軍を追い込んでゆく。ニミッツ提督率いる米国海軍はマーシャル群島―（トラック島を飛び越えて）―サイパン・グアム・テニアンのマリアナ群島

―硫黄島―東京コースを、マッカーサー将軍率いる米国陸軍はニューギニア―（ミンダナオを飛び越えて）―ルソン―（台湾も飛び越えて）―沖縄―東京コースを北進するのである。

これに対し、日本はその戦争理念ともいうべき「先制奇襲による短期決戦」によって真珠湾を攻撃し、米国と開戦しながらも、「どのような形で戦争を終結させるのか」というグランドデザインが、そもそも存在しなかった。ガダルカナル島撤退、アッツ島玉砕に続き、昭和十八年、学徒戦時動員と徴兵年齢一歳引下を決定、年末には都市疎開実施要綱を決定していた。戦時下の日本はすでに敗色が漂い始めている。昭和十九年初頭の新聞から記事を拾ってみよう。すでに昭和十七年九月一日、名古屋の有力二大新聞「新愛知」と「名古屋新聞」は統合して「中部日本新聞」となっていた。なお、この当時はすでに新聞記事すべてにわたって当局の事前検閲がおこなわれ、当局が不適切と判断した記事は掲載不可となるか、もしくは書き直しを命じられた。このため、どの新聞も戦意高揚の提灯記事が載るばかりであった。

83　（名古屋名所）加藤高明伯銅像　鶴舞公園内に建立されていた愛知県初の首相銅像。現在は花崗岩製の台座のみが残る。

84　〔観光の名古屋〕豊臣秀吉公銅像　中村公園常泉寺境内に建立されていた豊太閤銅像。昭和 19 年、金属供出で回収、撤去された。

《すべてを戦争へ》　あらゆる資源の枯渇した日本は、じり貧に追い込まれて日用品は切符制、食料は配給制、果ては兵器増産のためになりふり構わず、金属回収を実施した。とりわけ公共施設の資源は率先して国策に協力すべきものとして、真っ先にねらわれた。昭和十九年一月十四日「中部日本新聞」第四面の記事である。

●お馴染みの加藤伯銅像　滅敵兵器にと晴の出陣

敵米英撃滅の兵器生産資源として、市民に馴染の深い鶴《つる》舞《ま》公園内の加藤高明伯銅像も、いよいよ晴れの応召を受けて出陣する、市では十三日市関係保管物件回収打合会を開き、協議した結果、加藤高明伯銅像をはじめ、鶴舞公園内令旨碑壇、普選壇碑や納屋橋、桜橋、港橋、港新橋、住吉橋などの高欄その他、徹底的な金属回収を断行と決定した

加藤伯銅像は大岩元市長、磯貝浩氏など、加藤伯を慕ふ中京有力者が銅像建設会を組織し、総工費六万五千円を投じて建設、昭和三年六月二十四日除幕式を行ひ、市に寄贈したもので、総高三十九尺六寸、像高十三尺六寸、重量は二噸《トン》半である

愛知県初の首相も設置わずか十六年で「応召、出陣」し、兵器の原料として熔け消えた。中村公園常泉寺の豊臣秀吉銅像も同じである。《すべてを戦争へ》のスローガンそのままに、太閤さんは自らの身を戦争へ投じたのである。どんな偉人でも、郷土の英傑でも、時の国策にはあがなえなかった。しかし、ほんのわずかではあるが、日本国内には良識もはたらいていた。歴史上学術上で重要と判断された、いわゆる文化財はこの金属回収の嵐から逃れたのである。加藤伯出陣の前、同年一月六日付「中部日本新聞」第二面（市内版）に、先手を打つようにこんな記事が小さく載った。

●信長公が陣中愛用の茶釜　回収から除外の歴史美術品二十点

街の鉱脈を掘り出し、兵器の増額資源にあてんとする金属回収は目下実施中であるが、市内寺院の所有物中、歴史上又は美術上重要品として、次のものは今回の回収から除外される

△千種区田代町相応寺梵鐘（嘉永廿年の紀年銘及び林道春の撰銘あり）

△東区富沢町聖徳寺梵鐘（寛文二年の紀年銘及び陳元贇の撰銘あり）

△同東門前町西蓮寺鰐口（至徳二年の紀年銘あり）

△同松山町含笑寺茶釜（織田信長陣中使用のものと伝へらる）
△筒井町建中寺梵鐘（天明七年の紀年銘及び林道春、細井徳民の撰名あり）
△西区稲生町妙本寺鰐口（弘安七年の紀年銘あり）
△中村区中村町妙行寺鰐口（大永五歳の紀年銘あり）
△中区門前町七ツ寺鰐口（慶長三季の紀年銘あり）
△昭和区御器所町龍興寺雲版（正長二年の紀年銘あり）
△熱田区市場町蔵福寺梵鐘（延宝四年の紀年銘あり、往時熱田駅分時鐘として使用せしもの）
△同白鳥町滝ノ坊鰐口（応永五年の紀年銘あり）
△同田中町本遠寺鰐口（宝徳第三の紀年銘あり）
△同高蔵町不動院磬（応永二十八年の紀年銘あり）
△同院水瓶二口（慶長十一の紀年銘あり）
△中川区荒子町観音寺鰐口（永享元年の紀年銘あり）
△同法華町妙伝寺鰐口（元亀三年の紀年銘あり）
△同中郷町常楽寺磬（寛正五年及寛永八年の紀年銘あり）
△南区笠寺町笠覆寺梵鐘（建長三年の紀年銘あり）
△千種区田代町字首利性高院梵鐘（元禄十年の紀年銘及び尾陽君光友公寄進の銘文あり）
△西区長者町三の四三輪藤十郎氏梵鐘（延徳元年の紀年銘及び熱田神宮寺の銘文あり）

基本的に紀年銘の刻された工芸品がこの措置によって救われた。この中でも熱田蔵福寺の梵鐘は、熱田に時鐘が設けられた延宝四（一六七六）年当初のままの鐘であり、尾張藩鋳物師《いもじ》頭であった水野太郎左衛門による鋳造でもあって、とりわけ歴史的な意義も深い作品である。戦争末期の熱田空襲で、地域全体が非常な被害を受けながらも、この鐘は奇跡的に焼失を免れた。平成十九（二〇〇七）年秋、名古屋市博物館開館三十周年記念特別展に際して、この鐘は展覧会に出品していただいた。このことを機縁に以後博物館でお預かりし、鐘は常設展示室で往時そのままの姿を我々に見せてくれる。延宝年間当初の鐘が伝わることも奇跡であるが、米軍の絨毯爆撃の下を生きのびたことはさらに奇跡である。兵器となるために熔け去った鐘も数知れず。こんな愚行は二度と繰り返されてはならない。鶴舞公園龍ケ池の北側、加藤伯が立っていた場所は今もなお、主なきままにうつろに台座だけが寂しく残る。

《ここも戦場だ》　名古屋の名所はこのほかにも、意外なところで戦時下の態勢に否応なく組み込まれた。次は同じ昭和十九年一月十九日「中部日本新聞」第四面、名古屋城に関わる記事である。まさにここ名古屋城も戦場であった。

85　〔観光の名古屋〕名古屋城

●お濠の鯉、鮒も晴れて応召　市民の食膳へ嬉しや解けた〝禁漁〟

名古屋城開府以来〝禁漁の濠〟として、昭和十四年初夏の遡上期に一度僅かに網を入れただけで、その前にも後にも禁断の誓ひを固く守られてきた、名城のお濠の鯉や鮒も、食糧増産に赤襷《たすき》で御奉公と、鮮魚不足の市民の食膳へ晴れてのぼることになり、十八日朝から勇肌の兄哥連十八人の手でヨイシヨ、ヨイシヨのかけ声も勇ましく、引綱で漁獲が開始された

二尺以上もある鯉や、一尺位の鮒、鯰などが続々とあがって、黒山になった見物人を羨ませ、四時過ぎまでには百八十貫余りの漁獲があった、この網入れは今後約一ケ月間にわたってつゞけ、魚は全部中央市場鮮魚部から、順次一般家庭に配給される

終戦間もない昭和二十年末にも同じように、食料不足に対処するため、お濠の魚が捕獲された。この時は名古屋一の漁師町、中川区下之一色の漁業会に捕獲を依頼し、師走も近い十一月下旬から十五日間にわたって鯉、雷魚、鮒、その他雑魚一千三百貫を投網、引網で捕獲した。この時、網に入った魚の中で、五寸以下の鯉の稚魚は再放流し、資源保護をはかっている。戦中戦後、名古屋市民は名古屋城のお濠に命を救われたことを忘れるべきではない。

昭和十九年当時の新聞には、再三にわたって「決戦食生活」「防空野戦食」などと題して、野草の食べ方、昆虫の料理法、雑炊のすすめ、今まで捨てていた残飯に近い食材の活用法など、涙ぐましい記事にあふれている。しかし二十一世紀に生きる日本の我々はこれを笑うことはできない。日本は食糧自給率が先進国の中で最低となって久しい。なおかつ輸入食物や飼料が高騰する現在、世界一高いといわ

86 〔観光の名古屋〕官幣大社熱田神宮

れる日本のフードマイレージは下げねばならない。戦時下へ戻るべきではないが、極力無駄を省く姿勢は学ぶべきではないのか。

《大東亜戦争必勝祈願》　昭和十二年の日中戦争勃発以降、出征兵士の増加にあわせて、熱田神宮へ武運長久を祈願する参拝者も当然増えていった。子どもたちもその渦の中にまきこまれ、町内会ごとに日参団を組織して日参し、町内から出征した人の無事を祈った。小学生に混じってまだ年端もいかない幼児も加わっている。その服装からも、夏冬の別なく参拝したようである。しかし、戦争末期に形勢が不利となって学童疎開が始まると、こうした少年少女の姿自体が、町の中から消えていった。一方で、新しいイベントが熱田神宮をスタートに始まった。昭和十九年一月二十三日「中部日本新聞」第三面の記事である。

●尽忠にひた走る　学徒駅伝　けふ熱田神宮を出発

大日本学徒体育振興会東海地方支部主催の、伊勢ならびに熱田両神宮大東亜戦争必勝祈願駅伝競走第一回大会は、廿三日朝七時熱田神宮東門を出発、愛知、三重、岐阜、静岡、長野各県下十五校の大学、高専から選ばれた百卅五名の学徒が尽忠の決意を燃え立たせ、両神宮間百十八キロ一（九区間）の走路に、厳寒を衝いて鉄脚争覇戦が展開される

［参加校］名大、名大付属医専、三重高農、岐阜高農、名商高、八高、名高工、浜松高工、愛知高工、岐阜薬専、名薬専、愛知第一師範、三重師範、岐阜師範、長野師範

なほ大会に先立ち、廿二日午後四時半から熱田神宮神楽殿で、大会役員選手五十余名が祈願祭を執行、続いて駅伝競走発会式を同神宮境内で挙行した

第一回愛知県中等学校駅伝競争大会も同じように熱田

神宮を出発地点として同十九年二月十一日（当時は紀元節）に開催された。こちらは名古屋と西三河を往復する十区間百キロの走路で、最終走破地点は名古屋城郭内の護国神社であった。開催日時といい、発着地点といい、いかに軍国主義の影が濃かったかをよく示している。昭和十二年の日中戦争勃発以後、日本が事実上の戦時状態になってからは、精神総動員運動の一環として体力づくりが奨励された。耐寒行軍や武道大会、市民一斉ラジオ大会などによって国民の集団錬成をはかり、健民強兵をねらったのである。一方で

87 〔観光の名古屋〕大須観音

野球が敵性スポーツとして用語も競技自体も肩身の狭い思いをさせられたのはご存じであろう。

明治時代に駅伝といえば、それは人力車のことであったが、その後は、すっかりスポーツとしての陸上対抗競技となった。いまでは日本語のまま「ＥＫＩＤＥＮ」の名称で広く認知され、北京など国際的な大会まで開催されている。現在の大学対抗伊勢駅伝も当時そのままに熱田神宮を出発し、覇を競いながら伊勢神宮まで走破する。しかし「戦争必勝祈願」の願いだけは、もう二度と願い下げだ。

《今日も決戦明日も決戦》 歓楽街も無縁ではあり得なかった。というより享楽施設は真っ先に戦争遂行の妨げとしてやり玉に挙がり、排除された。名古屋一の歓楽街大須もこれによって大きな影響を受けた。昭和十九年三月二十一日付「中部日本新聞」第三面に映画館の行く末が示されている。

●大須の映画館疎開　御園座も映画館に転向

愛知県で密集地区の劇場、映画館の整理を断行することになり、二十日午後、中京各興行館主を県に招致し、島田警察部長から懇談的に整理を発表、四月一日を期

して一斉に移転、休業に着手することになった、中心は大須の盛り場で、移転疎開するのは大勝館、帝国館、大須劇場、電気館、宝座、第一劇場の六館、休業を命ぜられたのは文化会館、宝生座、名宝会館、の三館で、移転疎開の六館は城北、熱田、中川、瑞穂に一館、笠寺に二館と分布されて工員の健全な慰安場として更生、移転後の空地は防空地帯として活用する

高級興行場としてさきに休業した御園座は大衆映画館として更生、今後は映画上映とともに、市公会堂的な公共事業公演に参加せしめ、また名宝三階の映画上映場は、防空関係の専門劇場として映画の上映、展覧会などに使用と決定、残るところは市内二十館となり、かつての歓楽街大須付近も、いよいよ勝つためにその性格を一新する

島田警察部長談　中京は他都市と異った方針で進むことになり、原則として休業興行場を少くし、工員諸君の慰安に全力をあげたわけである、移転興行主に対しては工場側の協力はもとより、残った興行主もその犠牲に対して相当の慰労金を贈るやう懇談し、また親心をもって、これら興行主には防空疎開同様に扱ひ、共助金を交付、資材の点についても考慮する

記事の右隣には、「決戦興行の行く道　士気昂揚に挺身」と題して、この映画館整理を実施する事情を詳しく説明する記事が載る。前日すでに重大戦局に即応する「決戦非常措置」として、高級享楽停止に基づく興行の具体的刷新実施要綱が決定しており、以後の興行内容を「国民士気の昂揚、戦力増強に資するよう刷新、適正配置をなす」とした。演劇では古典的な歌舞伎は時間短縮を図りながらも存続させ、「華美軽佻で不健全」な少女歌劇は禁止された。映画も時間を二割短縮してその分、上映回数を増やし、なおかつ「産業戦士」のための慰安施設であることを第一義とした。次々と映画館や芝居小屋が木戸を閉じた大須は、いっそう賑やかさから遠ざかり、《今日も決戦明日も決戦》この言葉通りに決戦色を深めていった。

《その手ゆるめば戦力にぶる》　明治以降、日本は殖産興業とともに富国強兵をスローガンとした。経済力と共に軍事力こそ国力の源と、為政者たちは信じて疑わなかったようである。表向きは「開国進取」と言いつつも、日清、日露、第一次世界大戦での青島出兵、大正半ばのシベリア出兵、昭和に入っての満洲事変等々、度重なる外征は、ひたすら国外での経済権益を拡張するためであった。外征が増

えれば増えるほど、その犠牲者は膨大となった。初めての外征戦争となった日清戦争での戦死者記念碑についてはすでに述べたとおりである。

　在営中に傷病死する兵士や、度重なる外征戦争で戦傷、戦病死した兵士たちを埋葬し、供養するために軍は墓地を設けた。またそれとは別に、天皇統帥の軍において殉じた「臣」として、御魂を祀った。「英霊」誕生である。各地に招魂社が設けられたが、後に東京の靖国神社との関係が整備、強化され、各地の招魂社は護国神社となっていった。名古屋においては、昭和十四年、旧来の招魂社が愛知県護国神社と改名している。

88　〔観光の名古屋〕愛知県護国神社

　学徒出陣の時、名古屋でも多くの学徒が日の丸を襷に巻き、この護国神社や熱田神宮へ参拝した後に出征していった。戦争は、若者から将来ある未来を奪ったのである。戦争へ若い命を駆り立てた国家の責任は限りなく重い。「お国のため」とはいったい何か、何のための死であったのか、その答えは戦後六十年以上たってもなお出ない。また、「臣」とされない、空襲や疎開船などで命を落とした「民」は置き去りのままである。

《撃ちてし止まむ》　スローガンの背後にそそり立つ塔は、覚王山日泰寺の奉安塔である。この標語は形勢もきわめて不利となった昭和十八年二月下旬、来る三月十日の陸軍記念日を目前にして、陸軍省が大々的に展開しようとした一大運動の標語である。最後の最後まで撃って撃って撃ちまくり、戦い抜くぞ、と、米英撃滅を国民に鼓舞するこの決戦標語は映画となり、演劇となり、首都東京、有楽町のビルに下がる百畳敷きの大ポスターとなり、また絵葉書にもなった。

　同じように一年後の陸軍記念日の翌日、昭和十九年三月

撃ちてし止まむ
〔観光の名古屋〕 覚王山日泰寺奉安塔
89 〔観光の名古屋〕覚王山日泰寺奉安塔

十一日付「中部日本新聞」第三面には、やはり同じスローガンが見出しに登場する。かつて大国ロシアに勝利した記念日を、今時戦争における国民一致の精神的支柱としたのである。記事は銃後の国民に対して次のように絶叫する（一部のみ抜粋）。

●**驕敵米英撃ちてし止まむ　血は同じ日露役殉忠**（前略）
太い神経と静中に燃やす闘魂をもって、敵を邀《むか》へ撃つ用意はよいか、敵撃滅のための耐乏生活はギリギリの最低までいってゐるか、
「敵の退却を前に弾丸なきを如何にせん」と日露役の勇士を嘆ぜしめたが、それと同じくいま南海の前線基地では「機あれども飛機なし」と血の叫びを銃後に送ってゐる、
われら果して増産の責任をはたしたであらうか、陸戦においてはいかに膨大な鉄量を恃《たの》む米鬼にも不退転、最後は肉弾をもって彼が心臓を奪ふ忠勇無比の皇軍であるが、空から叩き込む鉄量にはあくまで守勢であり、肉弾に翼のない限り、飛び立って決戦は挑み得ないのである
「いま一機」の叫びこそ悲痛極まる断腸の言でなくて何であらう、増産だ、何がなんでも増産だ――この銃後の総進軍は敵陣にとっても大きな脅威となり、「日本に時を藉《か》すな」と遮二無二《しゃにむに》の総反攻に出で、いまや戦局は日に苛烈の度を加へて来た、決戦また望むところ、秋はいま、この一年だ、
恰《あたか》もよし、この真只中に輝く陸軍記念日を迎へ、尽忠の血は一筋にして、日露役の感奮はゆくりなくもわれらが胸底に蘇って来るのだ、（以下略）

しかしである。先にも述べたとおり、絵葉書でこのスローガンがかぶさる覚王山日泰寺はタイ国から贈られた釈尊遺骨を納めるという設立趣旨から、どの宗派にも属し

ていない。いわば宗派を超えた仏教本来の根本理念が息づく聖なる地である。そもそも仏教には「殺生戒」という、生きとし生けるものを殺してはならないという重い戒律がある。明治以降の特に外征戦争においては、仏教界では軍事援助がいかにあるべきか、常に深刻な課題となった。外征の度に僧侶も従軍した。戦地での死者を供養するには不可欠だったからである。しかし、戦争といえども、武器を持って戦い、血みどろの死闘を演じることは、そもそもこの殺生戒とは根本的に相容れないことなのである。その釈尊奉安塔に《撃ちてし止まむ》のスローガン。何とも不気味で不釣り合い、いやそぐわないのである。

90 〔観光の名古屋〕東山公園と植物園

91 〔観光の名古屋〕東山動物園

《物は感謝で、頑張れ敵も必死だ》

最後は昭和十二年開園した東山公園の二枚。戦争末期、空襲で被弾した檻から肉食獣や大型動物が脱走した場合の危険を避けるため、日本各地の動物園では、動物の殺傷処分が命令された。東京上野動物園でも、名古屋東山動物園でも、この命令の犠牲となった動物がいる。動物園職員の献身的な抵抗だけでは、どうにもならなかった。さらに動物へ日々与える餌不足も深刻な問題であった。戦争が混迷を増すにつれて、動物たちの犠牲も増えていったのである。この件は最後に項を改めて述べる。

さて、こうした戦時スローガンの入った兵士への慰問絵葉書。皆さんはどう思われるであろうか。昭和十年代末期、外地に出征した兵士たちに、仮にこの絵葉書が届けられたとして、果たして彼らは何を想っただろうか。

昭和十二年、日中戦争が始まって以後、成年に達して徴兵される現役兵は、その年齢から、いずれも大正生まれの人々であった。しかし、現役を終えてもそのまま下士官をめざして残る者もあり、また兵士不足で再召集される年配者も少なくなかった。極端な場合は一家で親子徴集ということさえ生じたのであり、その場合年配者は少なくとも明治三十年代生まれまでさかのぼる。ちょうどまさに名古屋の近代化が佳境に入り、街並みがダイナミックに変貌してゆく姿を見ながら育った人々である。物心がついたときには、すでに街には電灯がともり、電車があちこちに広がり始めていた。デパートが生まれ、大須での夜遊びも覚え、活動写真に見入る…。絵葉書に写る名古屋の名所はどれも皆懐かしい場所である。しかしそこには、これでもかという戦時のスローガンが重くのしかかる。

誰にとっても生まれ育った故郷は、心地よいゆりかご。懐かしいものである。その心地よいはず、懐かしいはずの故郷を覆い尽くすスローガンは、何かやるせない、心に重くのしかかる切なさをもたらしたのではないだろうか。明治末の共進会頃に始まるモノクロームの名古屋名所絵葉書から、大正〜昭和の夜景絵葉書、懐かしい市電でめぐる色刷りの名古屋名所…。兵士たちには、こうした懐かしさや故郷への想いを押しつぶす絶叫の号令、一歩たりとも退却を許さぬ進軍ラッパのように、戦時下のスローガンが聞こえたのではないのか。こう思うのは私だけであろうか。

終章

紙片の宇宙《コスモス》

名古屋駅前の偉容
The grand Oppearance of the front of Nagoya station

92　名古屋駅前の偉容　戦争で壊滅的な打撃を被った名古屋市街も少しずつ復興していき、駅前には戦前にもまして高層ビルが建ち並んだ。また、昭和 30 年代は市電がもっとも市民の足として活躍した時代だった。しかし、名古屋駅前から広小路通りへ市電が走る光景は、今ではもう遠い昔の物語となった。

戦火がやんで

昭和二十（一九四五）年八月十五日、日本の敗戦によって第二次世界大戦は終結した。その後、昭和二十年代に名古屋で発行された八枚組の絵葉書がある。発行したのは名古屋市役所渉外課。当課は昭和二十年九月十九日、連合国進駐軍総司令部ＧＨＱに対応する市役所の窓口部署として設置されたセクションであった。絵葉書はカラー印刷ではあるもののかなり印刷が粗く、決して出来は良くない。また物資不足なのか、袋も包紙もなく、薄い青色の細い紙で巻いてあるだけである。

その絵葉書に取り上げられる名古屋の市中は、さして戦前のそれと変わらない。しかし、広小路通りに面する街区の中で、空襲によって焼け落ちた跡はそのままで、櫛の歯が抜けたよう。戦争前のようにビルが林立する光景はない。そこを米軍払い下げのバスが走っている。名古屋城は焼け残った隅櫓の景観である。このほかは、大須観音の夕景（焼失したため、仮本堂が写る）、中村公園秀吉出生地の石碑と覚王山奉安塔、熱田神宮本殿は昭和三十年遷宮前で戦前と変わらない姿、名古屋港、徳川美術館と瑞穂グラウンド、そして東山公園である。

この中で、東山公園には不思議な光景が登場する。写っているのは池から上がろうとしている二頭のゾウである。ゾウの背中には飼育員らしき人の姿。柵の中の光景ではない。こんな大きな池は上池か。そして池のほとりにはそれを眺める人たち。これはどういうことなのか。昭和十二年東山公園が開園し、あわせて動物園と植物園ができた時点から、その歩みをたどってみよう。

昭和十二年二月二十七日、東山公園の開園に先だって、市電の覚王山―東山公園前間が延長開通した。そして三月三日、まず東山植物園が開園した。この植物園開園にあたっては、地元企業の東邦ガスが建設費を寄付している。この時建設された大温室は今も健在であり、七十年後の平成十八年末に国指定重要文化財となった。次いで三月二十四日には鶴舞公園附属動物園を東山公園内に移転し、東山動物園と命名して開園した。さて、問題はゾウである。以下は東山動物園の園史による。

東山動物園の施設は、当時としては大変斬新なもので、ドイツのハーゲンベック動物園が開発した無柵放養方式を、

93　名古屋市役所渉外課発行８枚組絵葉書より東山公園　園内の池で水浴びをする２頭のインドゾウ。日本国内で、戦時下を無事に生きのびたゾウは東山動物園のマカニーとエルドのみであった。

ライオンとシロクマの放養場に取り入れていた。その後同年末の十二月には、木下サーカスから四頭のインドゾウを購入した。日中戦争の勃発によって、その後のゾウの行く末を危惧したサーカス側が、四頭をまとめて東山動物園へ譲ったのである。

この四頭のゾウは「キーコー、アドン、マカニー、エルド」といった。サーカスにいたこともあって人に馴れており、また曲芸もできた。前からいた「花子」を加えると全部で五頭が飼育されることになったわけで、ゾウは東山動物園のシンボル的な動物になり、また得意の曲芸で子どもたちには大人気であった。しかし、五頭のゾウのうち「花子」は昭和十四年一月に亡くなり、戦争が進む中で「キーコー」は昭和十九年二月、「アドン」は昭和二十年一月に、それぞれ亡くなった。残ったのは「マカニー」と「エルド」の二頭のみである。

戦況が深刻になるにつれ、動物園も存亡の危機に直面していた。昭和十九年十二月十三日、あの名古屋大空襲の日、動物園は「治安維持」を理由に、猛獣類の射殺が命ぜられた。空襲の被害によって猛獣類が檻から抜け出した際の被害を未然に防ぐための措置であった。まずライオン、ヒョウ、トラ等が射殺された。昭和二十年に入るとさらに状況が悪化。一月十三日動物園は一般観覧を停止し、さらに二月十六日には、軍が糧秣廠として使用するために動物園は接収され、ついに閉園となった。

深刻な餌不足の中、八月十五日の終戦を迎えて無事に生き残った動物は、インドゾウのエルドとマカニー、チンパンジーのバンブー、カンムリヅル二羽、ハクチョウ一羽、その他鳥類約二十羽、わずかにこれだけであったという。東山動物園の記録によれば、昭和十八年には、二百七十九種九百六十一点の動物がいたというから、戦争による動物たちの犠牲がいかに大きかったかがうかがえる。

終戦によって砲火がやんで軍人の姿が園内から消えた後、動物園の復旧作業は職員が昼夜を徹しておこなった。そして翌昭和二十一年桜がほころび始めた三月十七日、再び開園にこぎつけることができた。この頃日本国内は焦土の再建へ向けて、まだまだ混乱のまった只中にあった。新聞も物資不足でわずか裏表二頁だけであった。限られた紙面にぎっしり記事を詰めるために文字はルビ活字のように小さくなっていた。そうした中、四月二十九日付「中部日本新聞」第二面に、写真とともに小さな記事が載った。

●象クンも御愛嬌　にぎやかな動物祭

新緑につゝまれた東山動物園では、二十八日から来月五日迄、にぎやかに動物祭が行はれてゐる―初日の廿八日には、戦時中哀れな死をとげたシシ、トラ、ヒョウなどのしあはせを祈り、名古屋市仏教会並に東山動物園共同主催で、戦災動物慰霊花祭りが行はれたが、日曜日のことゝて、三月開園以来の記録二万余人が入り、象君の余興や仔熊の相撲を始め、各種の演芸会が催された、最後の五月五日には、寒さや食糧不足に生きつゞけた動物たちのため、健康祝福祭が行はれる

記事とともに、一頭のゾウが小さな椅子におしりを載せてすわり、長い鼻で握った旗を振りながら両前足を上げる芸をしている写真も掲載されている。そしてゾウの周りは観客がずらりと取り囲んでいる。戦時中疎開していた子どもたちも、この日が来るのを待ち望んでいたことだろう。

終戦を迎えるまで無事に生き残った日本国内のゾウは、この東山動物園の二頭だけであった。「マカニー、エルド」の二頭が生き残ることのできた裏には、動物園関係者の必死の努力があった。人間がその日の食料に困る戦時中、ゾ

ウのために毎日の餌を集めることは至難の業であった。それだけに、戦争で命を失った動物たちを慰霊するだけでなく、無事に生きのびたゾウたちがさらに健康で長生きできますようにと、皆で祝ったのである。

この動物祭は昭和初年代、鶴舞公園の動物園時代からおこなわれてきた春の恒例行事であり、ラジオの実況放送もおこなわれたくらいで、市民になじみのお祭りであった。戦争で中断していたその動物祭が、ゾウの曲芸とともに再び始まったのだから、一日に二万人の観客がつめかけたのも当然である。

やがて、「マカニー、エルド」の人気を伝え聞き、ゾウのいない東京の子どもたちから、「ゾウを一頭、譲ってください」と熱心な陳情が始まった。結局この願いがかなうことはなかったが、その代わり、国鉄が間に入って実現したのが、各地の子どもたちを名古屋の東山動物園まで二頭のゾウ見学へ運ぶ「ゾウ列車」であった。

まず昭和二十四年六月十八日、「ゾウ列車第一号」が彦根市の子どもたちを乗せて名古屋へやってきた。ついで埼玉、東京など関東方面からも「ゾウ列車」が名古屋にやってきた。しかし専用の臨時列車はこの二本で終わり、このほかは定期列車に車両を増結して対応するほかなかった。車輌不足と燃料の石炭不足の中、急激に増え続ける乗客に対応しなければならない国鉄としても、これが最大限の配慮だったようである。

絵葉書に写るのは、戦争の砲火がやみ、静かさを取り戻した園内で、暖かな日差しを浴びてゆっくりと水浴びをする二頭のゾウ、マカニーとエルドである。どちらがマカニーでどちらがエルドなのかはわからない。けれども後方の一頭は長い鼻で先を行くゾウの尾をしっかりつかんでいる。二頭のうちの一頭を東京の子どもたちに譲ることのできなかった、分かちがたいきずながこの二頭のゾウの間にはしっかりと存在したのである。

長辺短辺それぞれ十四センチ×九センチの小さな窓。この窓に広がる絵葉書の世界は、まことに深淵である。なにげない一枚の紙片でも、その小窓をひとたびのぞき込めば、そこには宏大な宇宙《コスモス》=時空が広がっている。その窓を覗いたとき、何か自らの琴線に触れる一葉をみつけられたならば、それはかけがえのない出会い、邂逅《かいこう》なのだと、私は思っている。

47　母親を同行しての飛行公開　名古屋市博物館蔵
48　名古屋城北スミス氏冒険大飛行（地上接吻アーチ抜け）　名古屋市博物館蔵
49　ドイツ語による俘虜製作品展覧会絵葉書　名古屋市博物館蔵
50　名古屋俘虜収容所俘虜製作品展覧会（於商品陳列館）　名古屋市博物館蔵
51　名古屋俘虜収容所俘虜製作品展覧会（於商品陳列館）　名古屋市博物館蔵
52《名古屋言葉》女学生二人の会話　名古屋市博物館蔵
53《名古屋言葉》叔母と姪らしき女の子との会話　著者蔵
54　JOCK 放送開始一周年記念　懸賞募集一等当選漫画　名古屋市博物館蔵
55《名古屋言葉》第壱輯包紙裏面　著者蔵
56　吉田初三郎原画《名古屋名勝》より　雪の豊国神社（1930 年代）　著者蔵
57　第十回関西府県連合共進会（噴水塔及各県売店ヲ望ム）　名古屋市博物館蔵
58　御大典奉祝名古屋博覧会　機上より見たる会場全景　名古屋市博物館蔵
59　名古屋汎太平洋平和博覧会を予告する年賀葉書　名古屋市博物館蔵
60　名古屋城絵葉書　名古屋市博物館蔵
61　青松・雄閣　著者蔵
62（名古屋名所）熱田神宮　著者蔵
63（名古屋名所）築港　著者蔵
64（名古屋名所）大須観音　著者蔵
65　名古屋教育水族館龍宮　龍宮内ノ漁業図　名古屋市博物館蔵
66（名古屋名所）商品陳列館　名古屋市博物館蔵
67　名古屋市衛生展覧会後庭噴水之世界　名古屋市博物館蔵
68　婦人博覧会（館内の一部）　名古屋市博物館蔵
69《原色版　夜の名古屋》８枚組絵葉書の袋　著者蔵
70　鶴舞公園奏楽堂（名古屋）　名古屋市博物館蔵
71　吉田初三郎原画《名古屋名勝》より　大須観音夜景（1930 年代）　著者蔵
72　松坂屋呉服店（名古屋）　名古屋市博物館蔵
73　熱田神宮（名古屋）　著者蔵
74　広小路通り（名古屋）　著者蔵
75　広小路通り（名古屋）　著者蔵
76　大正 10（1921）年 8 月 22 日合併後の名古屋市域と翌 11（1922）年 8 月 1 日市営移管後の市電路線図　名古屋市博物館蔵
77　大津町通り　著者蔵
78　松坂屋宣伝絵葉書　名古屋市博物館蔵
79（大名古屋）熱田神宮鎮皇門（国宝）　著者蔵
80　吉田初三郎原画《名古屋名勝》より　朝影すがすがしき熱田神宮（1930 年代）　著者蔵
81　吉田初三郎原画《名古屋名勝》より　黎明の名古屋港（1930 年代）　著者蔵
82《大名古屋》８枚組絵葉書の袋　著者蔵
83（名古屋名所）加藤高明伯銅像　著者蔵
84〔観光の名古屋〕豊臣秀吉公銅像　著者蔵
85〔観光の名古屋〕名古屋城　著者蔵
86〔観光の名古屋〕官弊大社熱田神宮　著者蔵
87〔観光の名古屋〕大須観音　著者蔵
88〔観光の名古屋〕愛知県護国神社　著者蔵
89〔観光の名古屋〕覚王山日泰寺奉安塔　著者蔵
90〔観光の名古屋〕東山公園と植物園　著者蔵
91〔観光の名古屋〕東山動物園　著者蔵
92　名古屋駅前の偉容　著者蔵
93　名古屋市役所渉外課発行８枚組絵葉書より東山公園　名古屋市博物館蔵
94　大津町通り（部分：No. 77 のクローズアップ）　著者蔵

【掲載絵葉書一覧】

01　吉田初三郎原画《名古屋名勝絵葉書》より　白雪に立てる八事興正寺五重塔（1930 年代）　著者蔵
02　吉田初三郎原画《名古屋名勝絵葉書》より　春雨けぶる名古屋城（1930 年代）　著者蔵
03　吉田初三郎原画《名古屋名勝絵葉書》より　瑞雲棚引く仏骨奉安塔（1930 年代）　著者蔵
04　吉田初三郎原画《名古屋名勝絵葉書》より　風薫る鶴舞公園（1930 年代）　著者蔵
05　名古屋開府三百年紀念祭　東京神田今川橋・青雲堂製　名古屋市博物館蔵
06　《名古屋市全景絵葉書》より東南方向　名古屋市博物館蔵
07　《名古屋市全景絵葉書》より撮影会場となったいとう呉服店の建物　名古屋市博物館蔵
08　第十回関西府県連合共進会場内の展望　名古屋市博物館蔵
09　名古屋東照宮祭典実況　名古屋市博物館蔵
10　第十回関西府県連合共進会場イルミネーション　名古屋市博物館蔵
11　（名古屋）納屋橋　名古屋市博物館蔵
12　新名古屋駅が竣工した際に発行された記念絵葉書の１枚　名古屋市博物館蔵
13　新名古屋駅が竣工した際に発行された記念絵葉書の１枚　名古屋市博物館蔵
14　名古屋停車場前之景　駅舎側から駅前広場を望む　名古屋市博物館蔵
15　名古屋停車場前之景　広場の東南方向からとらえたもの　名古屋市博物館蔵
16　笹島駅の貨物取扱場の光景　名古屋市博物館蔵
17　（名古屋名所）広小路通り　著者蔵
18　（名古屋名所）征清紀念碑　著者蔵
19　創業当時の電車　吉田初三郎原画　名古屋市博物館蔵
20　（名古屋名所）県庁附近小公園　名古屋市博物館蔵
21　名古屋ホテル（東南方向から望む）名古屋市博物館蔵
22　（名古屋）栄町通郵便局　名古屋市博物館蔵
23　名古屋第一劇場御園座　名古屋市博物館蔵
24　いとう呉服店之内三階楼上　児童用品陳列会余興演芸場　名古屋市博物館蔵
25　第一回児童用品陳列会々場いとう呉服店々前　名古屋市博物館蔵
26　渡橋式に臨む納屋橋饅頭本店の三代三夫婦と新しい納屋橋の景観　名古屋市博物館蔵
27　納屋橋渡橋式の様子　名古屋市博物館蔵
28　（名古屋名所）最も繁華なる商店街、栄町通　名古屋市博物館蔵
29　（名古屋）御幸本町通り　名古屋市博物館蔵
30　大名古屋美観　躍進大中京の息吹くところ広小路通の盛観　名古屋市博物館蔵
31　広小路通り　著者蔵
32　栄町通り　著者蔵
33　名古屋城を背景に北練兵場で公開された曲芸飛行　名古屋市博物館蔵
34　名古屋旭廓大火惨状（火元深川楼及金波楼焼跡）　名古屋市博物館蔵
35　大正四年鶴舞公園ニ於テ名古屋市消防出初式（腕用喞筒標的落競技ノ光景）　著者蔵
36　大正四年鶴舞公園ニ於テ名古屋市消防出初式（梯子乗ノ光景）　著者蔵
37　大正十年九月二十五日夜半の暴風雨　名古屋南部の大惨状　名古屋市博物館蔵
38　上野池之端方面ヨリ倒潰シタル十二階方面ノ光景　名古屋市博物館蔵
39　日暮里停車場ノ僻難民ノ群　名古屋市博物館蔵
40　明治 38（1905）年１月５日、旅順北方、水師営における彼我司令官の会見　名古屋市博物館蔵
41　大阪毎日新聞号外　明治卅八年五月廿七日　名古屋市博物館蔵
42　名古屋栄町凱旋門絵葉書　名古屋市博物館蔵
43　名古屋市主催　青島陥落祝賀会大提灯行列之光景（十一月七日）紀念碑前　名古屋市博物館蔵
44　鶴舞公園会場入口ノ大雑踏　名古屋市博物館蔵
45　徳川式陸軍飛行機　名古屋市博物館蔵
46　日米両国旗をかざし、カーチス式複葉機に乗り込むアート・スミス飛行士　名古屋市博物館蔵

あとがき

本書は、筆者が平成十八年度の名古屋市博物館研究紀要に『絵葉書のイメージ・リーディング』という小稿を執筆したことが契機となって企画が進行した。従来、博物館においては、絵葉書自体は数多く収集されてはきたものの、決して主役となる資料群とはみなされず、その歴史資料としての価値も余り顧みられてこなかったというのが実情である。しかし、先の小稿をまとめるにあたって、過去に収集された絵葉書を見直し、今まで気づかなかったことが多々あることを痛感した。

絵葉書を丹念に時系列に沿ってつなぎ合わせていけば、名古屋のみならず、かくも見事に近代日本のたどった歴史が浮かびあがってくるものなのか——これが正直な感想である。十九世紀末の一九〇〇年、日本国内で晴れて公認された絵葉書が、二十世紀のニューメディアとして人々が思った以上に内に秘めた実力をいかんなく発揮した証明でもあろう。調べていけば、一枚の小さな紙片にも、それが絵葉書として発行された裏にはそれぞれに深い歴史、経緯が存在したことが、おぼろげながらわかってくる。日本全体にかかわる歴史であるならば、世にたくさん出版されている書物を読めば概略を把握することもできようが、一地方都市での出来事はそうはいかない。かなり綿密なリサーチが必要となる。近世以来江戸、京、大坂の三都に次ぐ都市として栄えた名古屋は、明治以降急激に工業都市として発達し、そのためもあってか、独自に発行された絵葉書も数多い。こうした絵葉書の裏に秘められた歴史をたどり、その発行された当時の言葉で絵葉書を語ろうとするならば、地元発行の新聞記事を一つ一つ確かめることが必要であると思い至った。

残念ながら、明治期から戦後まもない頃までの新聞は現在では紙の劣化が進み、いずれも実物の閲覧はできなくなっている。このためマイクロフィルムで一コマずつ記事を探す作業を、愛知県図書館あるいは名古屋市鶴舞中央図書館で、週休日のたびごとに進めねばならなかった。終日図書館にこもり、マイクロリーダーの画面に流れる記事を追い続けることは、かなりつらいことではあったが、その反面、絵葉書にぴったりと符合する記事を見つけたときは、何か褒美をもらったような気分になったものである。

本書に掲載した新聞記事はいずれも、名古屋の絵葉書を解読するために必須の記事と判断したものばかりである。冗長に過ぎると思われる向きも多いことと思うが、二十一世紀に生きる我々の思考回路、論理だけでは、半世紀以上前に生きた人々の生活感覚を的確につかむことはできないと私は思っている。と同時に、過去の歴史を軽々に断ずることもすべきではない。そして言葉は生き物である。明治から戦後に至るまでの言葉もまた、決して古語ではないが、さりとて現代語でもない。歴史事象も民俗事象も、それぞれの時代の生きた言葉でもって理解しようとする姿勢を持つことが大切なのだと、私は思っている。

本書の刊行にあたり、出版社および職場の同僚には長期間にわたってお世話になった。深く感謝する次第である。

94　大津町通り（部分：No. 77 のクローズアップ）

［著者紹介］
井上善博（いのうえ・よしひろ）
1954年鳥取県倉吉市生まれ
早稲田大学教育学部卒
1978年より名古屋市博物館学芸員として民俗・民具学を担当。
あわせて博覧会、絵葉書などの近代メディアに取り組む。
この間、名古屋市市政資料館（市史編さん）・秀吉清正記念館にも
勤務。

装幀／夫馬デザイン事務所

名古屋絵はがき物語　二十世紀のニューメディアは何を伝えたか

2009年4月15日　第1刷発行　　（定価はカバーに表示してあります）

著　者　　井上　善博

発行者　　稲垣 喜代志

発行所　名古屋市中区上前津2-9-14　久野ビル
振替00880-5-5616 電話052-331-0008
http://www.fubaisha.com/
風媒社《ふうばいしゃ》

乱丁・落丁本はお取り替えいたします。　＊印刷・製本／モリモト印刷
ISBN978-4-8331-0543-9

中山正秋

ドニチエコきっぷでめぐる名古屋歴史散歩

モダンな名建築に触れ、華麗な庭園を愛で、街道に江戸の面影を探る…。ドニチエコきっぷで地下鉄・市バスに乗って、名古屋を再発見！　奥深い歴史と文化をもつ名古屋を12のテーマに分けて紹介。

一四〇〇円＋税

池田誠一

なごやの古道・街道を歩く

大都市名古屋にも、こんな道がかくれていた！　名古屋を通っている古道・街道の中から、江戸時代のものを中心に22本の道を選び収録。街道ごとに、その道の成立や全体像、そして2〜3時間で歩ける区間を紹介。

一六〇〇円＋税

前田栄作　文　水野鉱造　写真

尾張名所図会　絵解き散歩

天保年間につくられた「尾張名所図会」。そこに描かれた場所の現在の姿を紹介。見慣れた風景、馴染みの地域の江戸時代の姿といまを重ね合わせ、未来の姿に思いを馳せる。訪ねてわかった郷土の素顔！

一六〇〇円＋税